JN134851

# Knowledge 知識の基盤になるファイナンス Foundation Finance

*Finance for Knowledge Foundation*

●石橋尚平
●高橋陽二
●内木栄莉子
著

中央経済社

# はじめに

## ●この本のねらい

大学でファイナンスを教えていると，いろいろなことに気づきます。例えば，ファイナンスを学ぶにはステップが必要だということです。1つ1つステップを踏んで理解していかないと，次に進む箇所がわかりにくくなります。最初に基本をきちんと押さえておかないと，ついていけなくなることもあります。もちろん，試験前にまとめて勉強していい点をとる学生さんも少なくないですが，あわてて詰め込むとファイナンスの面白さがなかなかわからないかもしれません。

すでに専門的な研究者になろうとしている段階にある方なら別ですが，大学生として，社会人として，ファイナンスの必要な知識を身につけることは実はそう難しいことではありません。

なぜなら，ファイナンスは何といっても実際に使えるようにすることが大事だからです。最先端にある研究の現場では高度な数学能力，抽象的な思考を続けるための膨大な時間，膨大な数の先行研究への参照と理解が必要になりますが，それも今のところは，大事なステップの随分先にあるものだと考えましょう。大学生として，社会人として，ファイナンスをまずしっかり身につけたいと考える段階では，テキストをじっくりと読み，問題を解き，着実にファイナンスのさまざまな概念を理解しながら，基盤を固めていくことです。

あえて言うなら，ファイナンスは専門の研究者のためにだけにあるものではないのです。実際に使うという意味では研究者よりも，もっとさまざまな，一般の人々のためのものかもしれません。少なくとも金融機関や事業会社の財務部門に勤める人にとって，ファイナンスは必須の知識であるでしょう。だけど，そうではない部署に所属する人であっても，社会や企業の意思決定のプロセスを知るためには，ファイナンスが教えるおカネの問題を理解しておく必要があります。社会や企業を動かしているヒト，モノ，情報とともに，おカネの流れの仕組みに関するさまざまな知識を得ないことには，われわれは社会や企業の仕組みを理解することができません。

ファイナンスには数学がたくさん出てくるような気がして，苦手意識を持つ人もいるかもしれませんが，実は中学生レベルの数学の能力がきっちりとあれば十分です。数学は思考を形式化したツールですから，いろいろな理解を助けてくれるものであるわけですが，ファイナンスを学ぶにあたって最も大事なことは，さまざまな概念を丁寧に理解することです。

数式が苦手であれば，言葉で概念を理解していけばいいわけです。概念を伝える上で，言葉は数学よりも柔軟で融通が効きます。抽象的な概念を身近な事例に置き換えて表現することができるし，重要なことをわかりやすく強調することもできます。少し逸脱しつつも話が膨らんでいく中で，理解がより進むこともあるでしょう。もちろん，テキストを読む人たちや，大学の講義を聞く人たちは，ゆっくり概念を理解するために読解と思考を続けていかなければなりません。

テキストを読むのが苦手だとか，読書する時間がないと言うのなら，活字を追うだけでなく，直感につながるような図表やイラストを通じて感覚的に理解していけばいいでしょう。この本にはたくさんの図表やイラストを盛り込んでいます。

簡単な数式も，言葉による説明も，図表やイラストも，ファイナンスの概念を理解するためには，うまく組み合わせる必要があります。私たちは大学でファイナンスを教えてきた経験を活かして，読者のみなさんにファイナンスの基盤を整えてもらうためにこのテキストを書くことにしました。このテキストには読者のみなさんに難しい概念を簡単に理解していただくために，さまざまな工夫を盛り込んでいます。

必要な知識を基盤として身につけておけば，今後社会人になったときに役に立つことがあるでしょう。中にはファイナンスの研究者を目指す人もいるかもしれません。この本がさまざまな人たちの一助になることを願ってやみません。

**●本書の構成**

本書は4章の構成になっています。まず，**序章**は基本的なことをおさらいするために充てています。「加減乗除の順」，「電卓のメモリー計算」，「Excelの関数の使い方」，「一次関数」，「加重平均の求め方」といった具合に，本当に基本的な内容ばかりです。だけど，これらの基本をしっかり覚えていない，間違えて覚えてしまっているためにファイナンスを理解できない人が意外と多いです。きちんと確認しておきましょう。

次に**第1章**は「現在価値」，「無裁定価格理論」，「リスク」といったファイナンスにおける最も大事な概念を説明しています。難しい箇所もあるかもしれませんが，しっかりと考えて読んでください。ツボにはまると面白くなります。

**第2章**は「債券」，「株式」，「デリバティブ」といった金融商品とその市場について説明しています。第1章あるいは序章で学んだ知識とつながっている箇所もあります。

**第3章**は「モダン・ポートフォリオ理論」，「CAPM」といったファイナンスの中心的な理論に加え，その他の理論や投資の実践から得られた知見を学んでいこうという章です。知識を補強するために読むと理解がさらに深まります。

**第4章**は「コーポレート・ファイナンス」に焦点を絞りました。企業価値の算出方法，MM理論，配当と内部留保に関わる仮説や理論を学び，日米の企業のファイナンスの現状をみていきます。

本書の分担については，序章は内木，第1章から第3章までが石橋，第4章は高橋が担当いたしました。全体的な流れについては3人で議論を重ねました。その上で木村がイラストを添えています。

最後に当初の企画段階での打ち合わせから，最後の重要な校正作業までお世話になった株式会社中央経済社の浜田匡さんに心から感謝を申し上げます。

2018年10月

石橋　尚平　　高橋　陽二
内木栄莉子　　木村香代子

# 目　次

## 第2章　金融市場と金融商品

## 第3章 ファイナンスの理論

## 第4章　コーポレート・ファイナンス

# 序　章

# もう一度<br>確認しておきたい知識

**Points**

第１章以降，本格的にファイナンスを学んでいく上で必要になる数学の基本的な知識や，電卓，Excel の使い方について確認していこう。

# 加減乗除の順番と括弧

加減乗除とは，たし算（加算），ひき算（減算），かけ算（乗算），わり算（除算）の４つの計算（四則演算）のことである。また，同じ数を繰り返しかけることをべき乗（累乗）という。これらの演算が混ざっている場合，次の順番で計算していく。

(1)　べき乗（累乗）

(2)　かけ算，わり算

(3)　たし算，ひき算

計算式の中には，他に，括弧（(　)，{　}，[　]）が登場することがある。これは，前述の(1)〜(3)の優先順位を変更したいときに用いる。括弧の中に書かれた式は優先順位が上がり，先に計算することになる。

それでは，例題を使って，実際に計算の順序を考えてみよう。

**例題０-１**　　$10+3-6+4$

式の中にべき乗やかけ算，わり算が含まれていないので，左側から順番に計算していけばよい。

$$\underline{10+3}-6+4=\underline{13-6}+4=7+4=11$$

**例題０-２**　　$6+14\div2\times3$

式の中にかけ算とわり算が含まれているので，その部分から先に計算する。

$$6+\underline{14\div2\times3}=6+21=27$$

**例題0-3**　$9+6^2\div 9$

式の中に，べき乗（$6^2$）とわり算が含まれている。計算の優先順位に従って，べき乗→わり算→たし算の順に計算していく。

$$9+\underline{6^2}\div 9=9+\underline{36\div 9}=9+4=13$$

**例題0-4**　$8+\{55\div(3+4\times 2)\}$

まず，括弧内の式から計算していく。例題0-4 のように括弧が二重に使用されている場合は，内側の括弧から先に計算する。また，括弧で囲まれた式も，加減乗除とべき乗（累乗）の計算に関する優先順位は，同じように考えればよい。

$$8+\{55\div(3+\underbrace{4\times 2}_{①})\}=8+\{55\div\underbrace{(3+8)}_{②}\}=8+\underbrace{(55\div 11)}_{③}=\underbrace{8+5}_{④}=13$$

## 2 電卓のメモリー計算と Excel

### 2-1 電卓のメモリー計算

第1章以降では，実際に自分の手で計算してみる機会が多く出てくる。そこで，本節では，より効率的に電卓を使った計算ができるように，クリアー・キーとメモリー・キーについて紹介する。電卓には，数字と＋や－といった演算子以外に，[AC] や [M＋]，[M－] といったアルファベットが書かれたキーがある。これらが，クリアー・キーやメモリー・キーと呼ばれるものである。なかでも，メモリー・キーを上手に活用できれば，途中でメモを取ることなく，複数の計算を行うことができる。

**図表0－1**は，クリアー・キーとメモリー・キーについて，それぞれの名称と役割をまとめたものである。

まず，クリアー・キーについて説明する。クリアー・キーとは，文字通り，“消す” ことができるキーである。図表0－1のとおり，クリアー・キーには複数の種類があり，働きが異なっている。以下では，カシオ社製の電卓に基づいて説明していく。しかし，メーカーや機種によって，同じ名称でも違う機能を持っていることがあるので，注意する必要がある。AC（オール・クリア）キーは，画面に表示されている数値や計算過程を消去することができる。MC（メモリー・クリア）キーは，後から説明するメモリー機能で記憶された内容を消去することができる。そして，C（クリア）キーは，直前に入力した数値を消去し，入力を１つ前の状態に戻すことができる。

次に，メモリー・キーについて説明する。M＋（メモリー・プラス）キーは，直前の入力数値および計算結果をメモリーに足し合わせるときに使用する。一

**図表0－1 ▶ クリアー・キー，メモリー・キーと機能**

<table>
<tr><th colspan="2">クリアー・キー</th><th rowspan="2"></th></tr>
<tr><th>カシオ, iphone</th><th>カシオ以外</th></tr>
<tr><td>AC と MC</td><td>CA</td><td>メモリーを含め，全ての計算を消去する。</td></tr>
<tr><td>AC</td><td>C</td><td>メモリー以外の数値を消去する。</td></tr>
<tr><td>C</td><td>CE あるいは CI</td><td>直前に入力した数値を消去する（入力を一つ前に戻す）。</td></tr>
<tr><th colspan="2">メモリー・キー</th><th></th></tr>
<tr><td colspan="2">M＋</td><td>直前の入力数値，計算結果をメモリーに足すときに押す。</td></tr>
<tr><td colspan="2">M－</td><td>直前の入力数値，計算結果をメモリーから引くときに押す。</td></tr>
<tr><td colspan="2">MR（RM）</td><td>これまでのメモリー計算の結果を呼び出す。</td></tr>
<tr><td colspan="2">MC（CM）</td><td>メモリー計算の結果を消去する。</td></tr>
<tr><td colspan="2">MRC（RM/CM）</td><td>１度押すとメモリー内容を呼び出し，もう１度押すとメモリーが消去される。</td></tr>
</table>

電卓のさまざまな機能

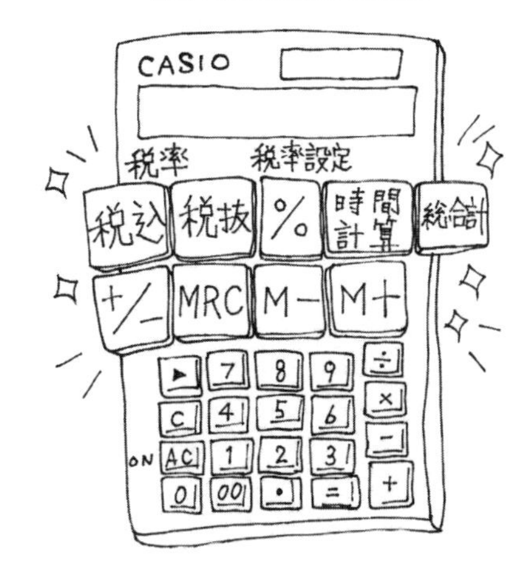


方で，M−（メモリー・マイナス）キーは，直前の入力数値および計算結果をメモリーから引くときに使用する。そして，MR または RM（メモリー・リコール）キーを使うと，これまでのメモリー計算の結果を表示させることができる。他にも，GT（グランド・トータル）キーがある電卓では，計算を行った後に，= キーを押すと，画面にGあるいはGTと表示される。この機能はグランド・トータルといわれる。GT キーを押すと，それまでに = キーを押して得られた計算結果をすべて合計したものが表示される。

以下の例題の計算式から，電卓のメモリー機能の使い方について実践してみよう。

**例題0-5**　200×50＋100×7＝10,700

**【MR キーを使う方法】**

手順１：2 0 0 × 5 0 の計算後，M＋ キーを押す。

手順２：1 0 0 × 7 の計算後，M＋ キーを押す。

手順３：MR キーを押すことで，最終的な計算結果を得る。

**【GT キーを使う方法】**

手順１：2 0 0 × 5 0 = と計算する。

手順２：1 0 0 × 7 = と計算する。

手順３：GT キーを押すことで，最終的な計算結果を得る。

**例題０－６**　350×20－250×７＝5,250

手順１：3 5 0 × 2 0 の計算後，M＋ キーを押す。

手順２：2 5 0 × 7 の計算後，M－ キーを押す。

手順３：MR キーを押すことで，最終的な計算結果を得る。

## 2-2 「Microsoft Excel」を使った計算

「Microsoft Excel」（以下では，Excel と呼ぶ。）とは，Microsoft 社が開発している表計算ソフトである。電卓の代わりに，Excel を使って計算することもできる。

実際に，例題０－６ を Excel で計算してみよう。まず，Excel のワークシートを開き，**図表０－２**のように，１つのセル上に半角英数字で「＝数式」と入力する。セルとはワークシート上のマス目のことで，住所のようにアルファベットと数字で各セルの場所が示される。図表０－２で計算式を入力したセルの位置は「B2」となる。そして，数式を入力するときに注意が必要なのが，かけ算とわり算が含まれる数式である。かけ算の演算子（×）は，**＊**（アスタリスク）を使って入力する。また，わり算は分数式で入力する決まりがある。例えば，18÷3であれば「18/3」と入力する。最後に，計算式が入力できれば，

図表0－2 ▶計算式の入力

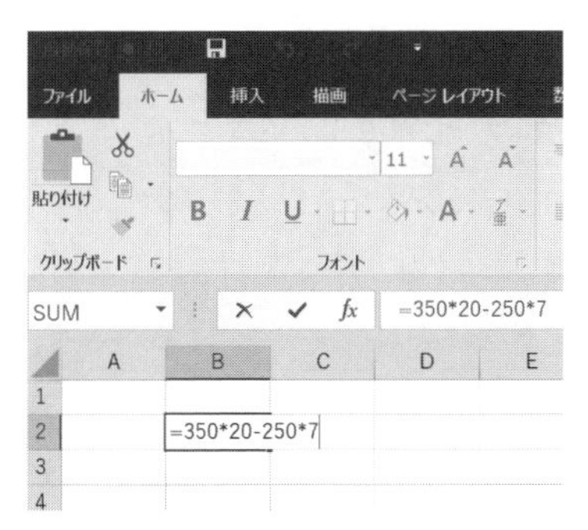


図表0－3 ▶計算結果

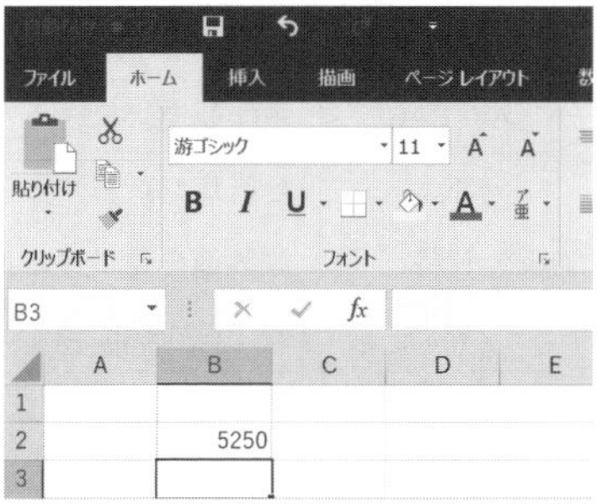

キーボードのEnterキーを押す。すると，**図表0－3**のように計算結果が表示される。

さらに，Excelには，450種類を超える「関数」と呼ばれる機能がある。平均値や合計値を求めるといった目的に合った関数を指定すると，自動で計算してくれるとても便利な機能だ。

例えば，AVERAGE関数を使って，**図表0－4**に示されたAさんからEさんの5人の得点の平均値を求めてみよう。それぞれの得点は，セルC3～C7に

図表0－4 ▶AVERAGE関数の計算式

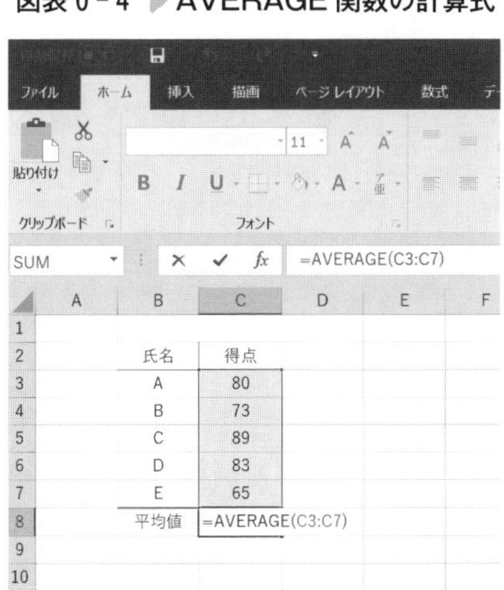


図表0－5 ▶計算結果

図表0-6 ▶ Excelの代表的な関数

| 関数名 | 機能 | 入力例 | 答 |
| --- | --- | --- | --- |
| AVERAGE | 平均値を計算する。 | “=AVERAGE（C3：C7)” | 78 |
| SUM | 合計値を計算する。 | “=SUM（C3：C7)” | 390 |
| MAX | 最大値を見つける。 | “=MAX（C3：C7)” | 89 |
| MIN | 最小値を見つける。 | “=MIN（C3：C7)” | 65 |

入力されている。セルC8に平均値の結果を表示させたいので，図表0-3のように，セルC8を選択して数式を入力する。「=AVERAGE（C3：C7)」と半角英数字で入力して，Enterキーを押すと，**図表0-5**のとおり78点という計算結果が表示される。AVERAGEの後の括弧内（C3：C7）は，セルC3～C7という意味で，5人の得点が入力されたセルを指定している。

**図表0-6**に，AVERAGE関数以外にもよく使う関数をまとめた。計算結果を表示させたいセル上で，図表0-6の入力例のとおり「=関数名（セルの範囲)」と入力すれば簡単に計算できる。データの数が多い場合には，計算式が長く複雑になってしまうので，Excelを利用すると，より早く，正確に計算できるだろう。第1章以降でもExcelを利用して計算する機会があるので，代表的な関数を覚えておくと便利だろう。

## 3 一次関数

### 3-1 関数とは？

中学生になって以来，数学の教科書を開くと，必ずといってよいほど“○○関数”という単元があったのではないだろうか。“関数”という言葉は見るのもうんざりだと思う方もいるかもしれない。しかし，実は，関数は，複雑に見える物事を簡単に記述するときに使うことができる便利な道具なのだ。だから，ファイナンスも含めて経済学では，関数を使った説明がよく登場する。

関数とは，数と数との間にある関係のことである。例えば，経済学でおなじみの需要関数は，需要量（皆さんが購入したいと思う量）を$D$，価格を$p$とすると，$D=D(p)$と表される。これは，需要は価格の関数，つまり，需要$D$は価格$p$によって決まるということを意味している。

3－2以降では，関数の中でも最も単純な一次関数について説明していく。

## 3-2 一次関数について

一次関数は，一般に次の式で表される。

$$y=ax+b$$

この式を言葉で説明すると，「$y$は，$x$を$a$倍し，$b$を足し合わせた値と等しくなる。」という$x$と$y$の関係を表している。一次関数と呼ばれるのは，$y$が$ax$という$x$の一乗の項（一次の項）で説明されるからである。また，$a$を傾き，$b$を切片という。

それでは，次の例題を通して，一次関数について考えてみよう。

**例題0－7** $y=2x+4$

上の式の$x$に－5から3をそれぞれ代入し，$y$を計算した結果を**図表0－7**にまとめた。図表0－7の$x$と$y$の値から，**図表0－8**のようにグラフが描くことができる。グラフを見ると，$y=2x+4$のグラフは右上がりの直線になることがわかる。また，図表0－7と図表0－8から，$x$が1増えると，$y$が2増えるということが読み取れる。このように，$x$が1増えたときに$y$の変化した値の大きさは，一次関数の式$y=ax+b$のうち，$x$の係数である$a$の2と等しくなることがわかる。この$a$の値を“傾き”という。つまり，傾きとは，$x$が1単位変化したときに，$y$がどれだけ変化するかを示している。例題0－7のように，

図表0-7 ▶$x$, $y$の対応関係

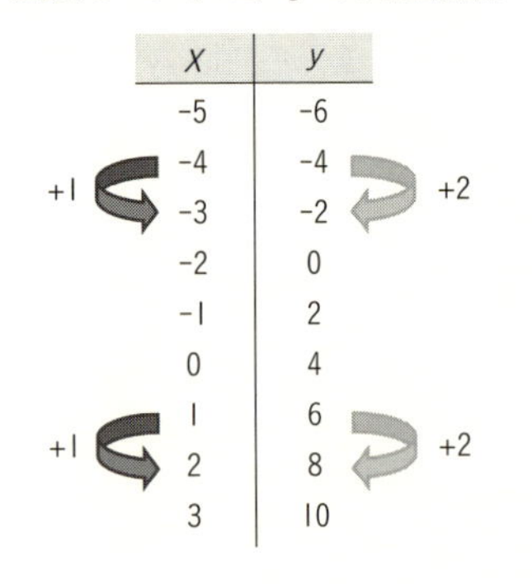

| $x$ | $y$ |
|---|---|
| -5 | -6 |
| -4 | -4 |
| -3 | -2 |
| -2 | 0 |
| -1 | 2 |
| 0 | 4 |
| 1 | 6 |
| 2 | 8 |
| 3 | 10 |



図表0-8 ▶$y=2x+4$のグラフ

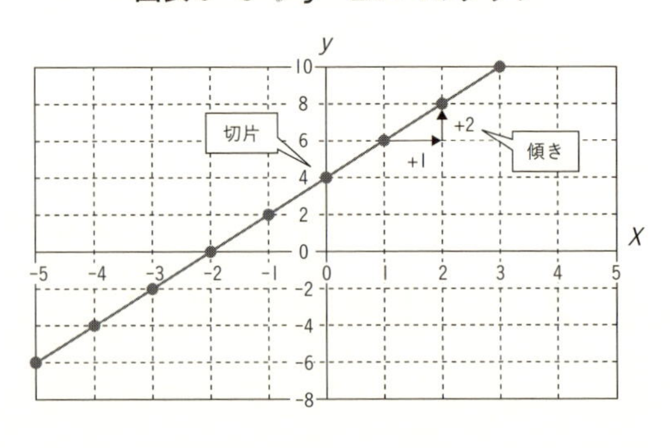


$x$が1増加したときに，$y$の値も増加するような関数を増加関数という。

また，$y$が0のときの$x$の値は4であり，$y=ax+b$の$b$の値と等しくなるが，これを“切片”という。グラフから切片を考えるときは，一次関数のグラフと$y$軸との交点に注目すればよい。

**例題0-8**　$y=-2x+4$

まず，式から傾きと切片を考えてみる。$y=ax+b$に照らし合わせてみると，傾き$a$が$-2$，切片$b$は$+4$となる。次に，グラフからも傾きと切片を確認する。このとき，例題0-7の一次関数$y=2x+4$と異なり，傾きがプラスの値からマイナスの値に変化していることに注目しながら，グラフを見てみよう。

**図表0-9**は，$x$に$-5$から3をそれぞれ代入して計算した$y$の値をまとめたものである。この表をもとにグラフを描くと，**図表0-10**のように右下がりの直線となる。傾きがマイナスの値となる場合，グラフは右下がりの直線で示される。図表0-9，図表0-10からは，$x$の値が1増えると，$y$は2減少していることが読み取れる。このような関数を減少関数という。

**図表０－９ ▶ x，y の対応関係**

| x | y |
|---|---|
| -5 | 6 |
| -4 | 4 |
| -3 | 2 |
| -2 | 0 |
| -1 | -2 |
| 0 | -4 |
| 1 | -6 |
| 2 | -8 |
| 3 | -10 |

(x: +1 → y: -2)

**図表０－10 ▶ y＝－2x－4のグラフ**

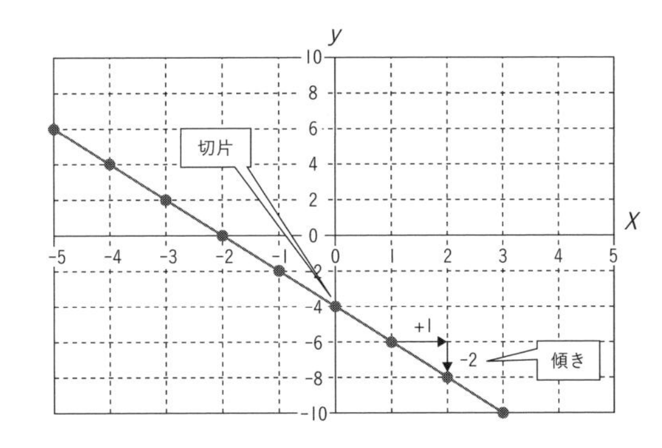


**例題０－９**　　$y=2$

この関数は，$y=ax+b$ に照らし合わせてみると，傾き $a$ が0，切片 $b$ は0となる。つまり，$x$ が変化しても $y$ は一定の値になる一次関数と考えられる。グラフは**図表０－11**のように，$x$ 軸に平行な直線として描かれる。$x$ がどんな値になろうと，$y$ は常に２であるという一次関数だ。

例題０－７～例題０－９の結果をまとめると，**図表０－12**のとおりである。

一次関数は，第３章第２節でCAPMを説明するときに登場する。他にも，

**図表０－11 ▶ y＝2のグラフ**

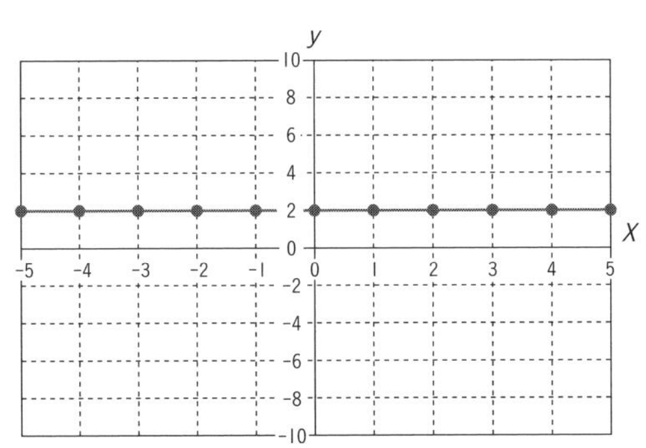

図表0-12 ▶ 一次関数の傾きと切片

| | | グラフ | |
|---|---|---|---|
| 傾き $a$ | プラス（$a>0$）<br>マイナス（$a<0$）<br>ゼロ（$a=0$） | 右上がりの直線<br>右下がりの直線<br>$x$ 軸に平行な直線 | 増加関数<br>減少関数<br>$y=b$ |
| 切片 $b$ | $x=0$のときの $y$ の値 | 一次関数のグラフと $y$ 軸の交点の $y$ 座標 | |

第1章以降では数式で表された多くの関数が出てくる。これらの数式には多くの情報が隠されている。数式がどのようなことを意味しているのか，言葉での説明と照らし合わせて考えてみたり，グラフをイメージしたりしながら，読み進めてみよう。

# 4 加重平均と期待値

## 4-1 加重平均

早速だが，次の例題について考えてみよう。

**例題0-10**

以下の表は，ある書店で売っている本の一部について，値段と売れた数をまとめたものである。この表から，本1冊当たりの平均価格を求めなさい。

| タイトル | 値段（円） | 売れた冊数（冊） |
|---|---:|---:|
| A | 1,500 | 32 |
| B | 4,900 | 8 |
| C | 800 | 60 |

皆さんは「平均を求めなさい。」といわれて，どのような計算式を思い浮か

べただろうか。おそらく，(1,500＋4,900＋800)÷3もしくは（1,500＋4,900＋800)／3という式から，2,400円と求めた方が多いのではないだろうか。もちろん正解である。このように，データの値の合計をデータの数で割って求める平均値のことを算術平均や単純平均という。$X_1$，$X_2$，…，$X_n$ の $n$ 個の値の算術平均は，以下の式で表される。

$$\overline{X}=\frac{データの値の合計}{データの個数}=\frac{X_1+X_2+\cdots+X_n}{n}=\frac{\Sigma X}{n}$$

実は，平均には，算術平均以外にも，加重データの平均や移動平均，幾何平均といったものがある。ここでは，第1章以降で多く用いられる加重平均について紹介する。

加重平均とは，データそれぞれの“重み（ウェイト)”を考慮して求められる平均のことである。加重平均を求める際には，“重み”となるものを適切に判断することが重要である。ここで，“重み”を $w_1$，$w_2$，…，$w_n$ とすると，$X_1$，$X_2$，…，$X_n$ の $n$ 個の値の加重平均は，以下の式で求めることができる。

$$\overline{X_w}=\frac{w_1X_1+w_2X_2+\cdots+w_nX_n}{w_1+w_2+\cdots+w_n}=\frac{\Sigma wX}{\Sigma w}$$

それでは，例題0-10の表を使って，本1冊当たりの値段の加重平均を求めてみよう。この場合，“重み（ウェイト)”となるのは，売れた本の冊数である。加重平均は，以下の式で求められる。

$$\frac{1{,}500\times32+4{,}900\times8+800\times60}{32+8+60}=\frac{135{,}200}{100}=1{,}352\ (円)$$

この式の分子（1,500×32＋4,900×8＋800×60＝135,200（円））は，表に示

された本の売上金額の合計である。分母（32＋8＋60＝100（冊））は，売れた本の合計冊数である。算術平均が2,400円だったのに対して，加重平均は1,352円と約1,000円安くなっている。これは，表のとおり，4,900円という高いBがあまり売れておらず，800円のCが多く売れているということを反映している。

次に，Excelを利用して，加重平均を求めてみよう。分子は，A，B，Cそれぞれの売上金額（値段×売れた冊数）の合計を示している。このような積の和は，SUMPRODUCT関数を利用して計算できる。**図表0-13**のように，計算結果を表示したいセル上で，「＝SUMPRODUCT（値段のセル，売れた冊数のセル）」と指定すればよい。Enterキーを押すと，135,200円という結果が示される。

分母は書店で売れた本の合計冊数を表している。**図表0-14**のように，SUM関数を使って合計冊数を求める。以上で，加重平均を求める式の分子と分母が計算できた。最後に，セルD8に「＝D6/D7」という計算式を入力すると，加重平均が求められる。

ここまでは，加重平均を求めるための計算式の分子と分母をそれぞれ求めるという手順を踏んだ。しかし，1つの計算式で加重平均を求めることもできる。先ほど出てきたSUMPRODUCT関数とSUM関数を使って，分数式を作る方法である。つまり，**図表0-15**のセルD8のように，「＝SUMPRODUCT（C3：C5，D3：D5）/SUM（D3：D5）」という計算式を入力すれば，一度に加重平均を求められる。

## 4-2 期待値

4-1で説明した加重平均の考え方を使えば，第1章第3節で登場する「期待値」を求めることができる。次のような例題を考えてみよう。

### 図表0-13 ▶ 分子：SUMPRODUCT関数

D6 fx =SUMPRODUCT(C3:C5, D3:D5)

| | A | B | C | D | E | F |
|---|---|---|---|---|---|---|
| 1 | | | | | | |
| 2 | | タイトル | 値段（円） | 売れた冊数（冊） | | |
| 3 | | A | 1,500 | 32 | | |
| 4 | | B | 4,900 | 8 | | |
| 5 | | C | 800 | 60 | | |
| 6 | | | 合計売上金額（円） | =SUMPRODUCT(C3:C5, D3:D5) | | |
| 7 | | | 合計冊数（冊） | | | |
| 8 | | | 加重平均（円） | | | |

### 図表0-14 ▶ 分母：SUM関数

D7 fx =SUM(D3:D5)

| | A | B | C | D |
|---|---|---|---|---|
| 1 | | | | |
| 2 | | タイトル | 値段（円） | 売れた冊数（冊） |
| 3 | | A | 1,500 | 32 |
| 4 | | B | 4,900 | 8 |
| 5 | | C | 800 | 60 |
| 6 | | | 合計売上金額（円） | 135,200 |
| 7 | | | 合計冊数（冊） | =SUM(D3:D5) |
| 8 | | | 加重平均（円） | |

### 図表0-15 ▶ 加重平均の計算

D3 fx =SUMPRODUCT(C3:C5, D3:D5)/SUM(D3:D5)

| | A | B | C | D | E | F | G |
|---|---|---|---|---|---|---|---|
| 1 | | | | | | | |
| 2 | | タイトル | 値段（円） | 売れた冊数（冊） | | | |
| 3 | | A | 1,500 | 32 | | | |
| 4 | | B | 4,900 | 8 | | | |
| 5 | | C | 800 | 60 | | | |
| 6 | | | 合計売上金額（円） | 135,200 | | | |
| 7 | | | 合計冊数（冊） | 100 | | | |
| 8 | | | 加重平均（円） | =SUMPRODUCT(C3:C5, D3:D5)/SUM(D3:D5) | | | |

**例題0-11**

サイコロをふって,「出た目の数×10円」がもらえるようなゲームがある。もらえる金額の期待値を求めなさい。

このゲームにおいてもらえる金額と確率は,次の表のとおりである。サイコロの目は全部で6あるので,それぞれの目が出る確率は,すべて同じ1/6となる。

| サイコロの目 | 1 | 2 | 3 | 4 | 5 | 6 |
|---|---|---|---|---|---|---|
| もらえる金額(円) | 10 | 20 | 30 | 40 | 50 | 60 |
| 確率 | 1/6 | 1/6 | 1/6 | 1/6 | 1/6 | 1/6 |

例題0-11の場合,期待値とは,ゲームを1回するともらえる金額の平均値のことである。これは,次の式のとおり,「もらえる金額 × 確率」を足し合わせて求められる。

$$E=10\times\frac{1}{6}+20\times\frac{1}{6}+30\times\frac{1}{6}+40\times\frac{1}{6}+50\times\frac{1}{6}+60\times\frac{1}{6}=35\text{(円)}$$

前式は,次のように変形することができる。

$$E=\frac{10+20+30+40+50+60}{6}=\frac{210}{6}=\frac{\textit{もらえる金額の合計}}{\textit{サイコロの目の数}}$$

この式は,加重平均を求める式と同じものである。つまり,期待値は,重みを"確率"と考えて求めた加重平均であるともいえる。

# 第1章

# ファイナンスの大事な考え方

**Points**

ファイナンスを学ぶ上で必ず理解しないといけない大事な概念がある。「現在価値」，「無裁定価格理論」，「リスク」等がそうだ。これらの概念をきちんと理解した上でファイナンスの学習を進めよう。

# 1 現在価値

## 1-1 金利の正体

金利って何だろう？　例えば，銀行預金につく「利息」とか，銀行からお金を借りる場合のローンの「利子」だとか，身の回りにもいろんな金利がある。答えは簡単。金利は「お金のレンタル料金」である。物の購入やサービスの利用に料金がかかるように，お金の利用にも料金がかかる。誰かからお金を借りる場合には，そのお金のレンタル料金が発生する。逆にそのお金を誰かに貸すとレンタル料金が得られる（返ってこないこともある）。

お金を誰かに貸す人は，お金を貸している間，お金を手放さなきゃならない。お金が手元にあれば，その人は，お金を貸し出して得られる（かもしれない）利息収入や，株式などに投資して得られる（かもしれない）収益（リターン）や，あるいはそのお金を元手にはじめたビジネスで得られる（かもしれない）収益の機会を逃してしまう。こういったお金が手元にあれば受け取ることができた（かもしれない）収益を，「機会費用」という。金利はこの「機会費用」の埋め合わせだと考えればいい。

だけど，今の日本の金利は超低金利で，みんながお金を預けている銀行の普通預金の預金金利は限りなくゼロに近い。銀行の普通預金に預けている限りは，利子収入なんてほとんどないのも同然だ。定期預金に口座を移してみても，たいして預金金利が高くなるわけでもない。放っておいてもお金は増えない。株式や投資信託を買って，お金を殖やしてみようか。だけどそれにはリスク（本章第３節で述べる）が伴う。平均すると得られる収益は高いかもしれないけれど，損をする可能性も低くはない。

銀行も企業などにお金を貸しているけれど，超低金利下では，貸出金利も思うように高くはならない。預金金利が低くなって銀行の資金調達費用も低下しているけれど，貸出金利が低い状態では，利益があがらないどころか，営業費用を考慮すると赤字になってしまう銀行もある。

一方で消費者金融会社から，100万円以内のお金を借りると，法律で定められている最高限度額での貸出金利は1年で15%にもなる（100万円以上を借りる場合）。銀行に1年間お金を預けてもほとんど預金金利は得られないのに，消費者金融会社でお金を借りて，返済せずに長い間そのままにしておくと，返済するべき金額は驚くほど大きくなってしまう。100万円を借りて1年間返済せずにそのままにしておくと，1年後には115万円になる。2年後には132万2,500円，3年後には152万875円とどんどん増えていく。10年後には404万5,558円にまで増えていってしまう。なぜこんなに増えてしまうのかは，次項「1－2複利」で説明する。

消費者金融会社の金利が高いのは，借りた人がお金や金利を払わないリスクがあるから。消費者金融会社の収益の多くも，必ず得られるとは限らない金利収益。それは借金しているのに返済しない（できない）人もいるから。貸出金が貸出先から返ってこなくなることを「貸し倒れ」と呼んでいる。貸し倒れるリスクのことを「信用リスク」というのだけれど，そのリスクがある分，消費者金融会社は貸出金利を高くしている。

リスクをとって収益を高めるのがビジネスの基本。消費者金融会社の場合は，そのリスクの対価を貸出金利に上乗せしている。消費者金融会社からお金を借りる人による返済が遅れる可能性はけっして低くはない。一方で税金を課すことのできる国の借金返済か遅延する可能性はほとんどないといえるかもしれない。だから「国の借金」に対する金利は一般的にその国で最も低い金利になっているとファイナンスでは考える。信用の低い相手にはその国の借金に対する金利（国債利回り）に，リスクの対価が上乗せされる。そのリスクの対価にあたる部分を「リスク・プレミアム」と呼んでいる。国債の利回りが仮に1.0%だとしたら，消費者金融会社が乗っけているリスク・プレミアムは，15%－1%で14%になる。

## 1-2 複　利

高金利の消費者金融に限らず，借金をする場合には，借入金利には気をつけなければならない。返済せずに放っておくと，いつの間にか返済しなければいけないお金（金利と最初に借りたお金である元本）はどんどん増えていく。金利を払えなくなると，その金利を支払うためにまた借金をしなければいけなくなる。この借金の増え方を雪だるまになぞらえて「借金が雪だるま式に増える」という表現がある。雪だるまを作るには最初小さな雪の玉を作って，それを雪の降り積もる地面の上を転がしていく。雪の玉は積もった雪をくっつけて，どんどん大きくなっていく。借金も同じこと。金利が金利を集めていつの間にか膨れ上がってしまう。

金利は金利を生む。なぜなら金利にも金利が付くから。これは大事なこと。ポイント・カードのポイントにはこの方式は適用されない。実際，すでに得たポイントにポイント還元率がさらに適用されて，買い物しなくてもポイントがいつの間にか増えているというようなことはない。金利とポイント・カードのポイントはその点で違う。

金利が金利を生むことで，元本と以前についた金利の合計額に対して，さらに金利が付く仕組みを「複利」という。それに対して，元本にだけ金利が付く

**雪の玉が雪をくっつけて大きくなり，雪だるまができる。借金もこれと同じ。**

仕組みのことを「単利」という。世の中の金利はほとんどが「複利」になっていると考えていい。ポイント・カードのポイントのような「単利」は計算を単純にするために使うくらいだ。ファイナンスを学ぶにあたっては「複利」で考えなければダメ。

複利の計算式を考えてみよう。例えば当初の元本が100万円，複利方式の金利が年率３％だとする。金利は毎年末につくとする。

現　在　100万円
１年後　100万円×(1＋3%)＝103万円
２年後　103万円×(1＋3%)＝106万900円
３年後　106万900円×(1＋3%)＝109万2,727円
⋮

ここで括弧記号を使って（序章第１節参照），（1＋3%）としているのは，先に（元本＋金利）を計算しようという意味。元本の残高はそのまま変わらない（返済しない仮定だ）から，その部分には１をかける。そして金利は３％。１年後に返済しなければいけない103万円に金利が乗っかって，返済しなければいけないお金が増えていく。単利だったら金利は元本100万円に対する単利３％が２年分で，６万円。これを加算して106万円になるわけだから900円が複利との差額ということになる。もう少しまとめて，一般化させて書くと下記のようになる。ここでは元本をＡ，金利（複利）を $r$ ％としている。

現　在　Ａ円
１年後　Ａ円×$(1+r\%)$
２年後　Ａ円×$(1+r\%)\times(1+r\%)$＝Ａ円×$(1+r\%)^2$
３年後　Ａ円×$(1+r\%)^2\times(1+r\%)$＝Ａ円×$(1+r\%)^3$
⋮
n年後　Ａ円×$(1+r\%)^n$

何回同じものを何度掛けるのかを示す「指数」が出てくるけれど（ここでは（1＋$r$％）を何回（$n$ 回）掛けるのか），この数式では，その数字が年数と同じ（どちらも $n$）なので覚えやすい。

ちなみに「72の法則」という複利の法則がある。「72を金利（複利）で割ると，元本が２倍になるまでの年数がわかる」というもの。例えば金利が15％とする。72を15で割ると，4.8。つまり消費者金融会社の法定限度ぎりぎりの高金利15％（100万円以上借りる場合）でお金を借りたまま放っておくと，わずか５年弱で返済に必要な金額は当初の元本の２倍になってしまう。

## 1－3 将来価値

さて，ここで質問。苦労して終えた仕事の報酬として100万円がもらえることになっている。この100万円の報酬を今もらえるか，あるいは３年後にもらえるかどちらかを選べといわれたらどうする？　この約束は現在も３年後も絶対に守られるものとする。

まさか「３年後にもらいたい」と答える人はいないだろう。みんなすぐにもらいたいはず。それは前に説明した「機会費用」を考えればわかることだ。

ここで，簡単な想定をおくことにしよう。それは現実にはばらつきのある金利をみんな同じにするということ。金利は「リスク・プレミアム」によって変わってくることは前に説明した。それは例えば貸出先の信用リスクが高い場合，お金の貸し手が信用リスクをとる代わりに，金利を高くするというものだった。金利はリスクに対する貸し手の敏感さによっても変わってくる。「リスク回避」的な貸し手や投資家は，この「リスク・プレミアム」を貸出先や投資先に求めて，高いリターンを要求する傾向にある。同じ貸し手であっても，貸し手自身の財政が悪化していたり，経済不安が高まっている状況では，平常時に比べて貸し手はより「リスク回避的」になる傾向にある。そのときも「リスク・プレミアム」が貸出先や投資先に要求されることになる。だけどここではどの人も「リスク」に対して無頓着で，まったく気にしない人たちばかりであるとしよう。こういうリスクに対する態度を「リスク中立的」という（もう１つ「リスク愛好的」という態度もあるけれど，これは本章第３節で説明する)。リスク中立的な世界では，リスク・プレミアムは生じない。したがって，みんな金利は同じになる。

その世の中の金利がすべて３％であるとすると，今もらう100万円は100万円だけれど，３年後の100万円は下記の式から，106万900円になるはずだ。どの銀行に預けても複利で３％の金利が得られるわけだから。

$$100万円 \times (1+3\%)^3 = 106万900円$$

つまり，この世界では現在の100万円は，３年後の106万900円に相当する。今100万円をもらって，銀行に預けるなどすると３年後には106万900円になって返ってくるわけだから，３年後にもらうなら100万円ではなく，機会費用を考慮した（あるいは金利＝お金のレンタル料金を加えた)，106万900円をもらわなければおかしいということになる。

この100万円と経済価値が同等（金利が３％）と考えられる３年後の106万900円を，３年後の「将来価値」という。この金額は，当初元本に複利方式で３年分の金利を加算した額に他ならない。将来の価値だから，「将来価値」。現

**現在の100万円は３年後の106万900円と同じ価値。**
**受け取るのが３年後なら余分にもらわないと…。**

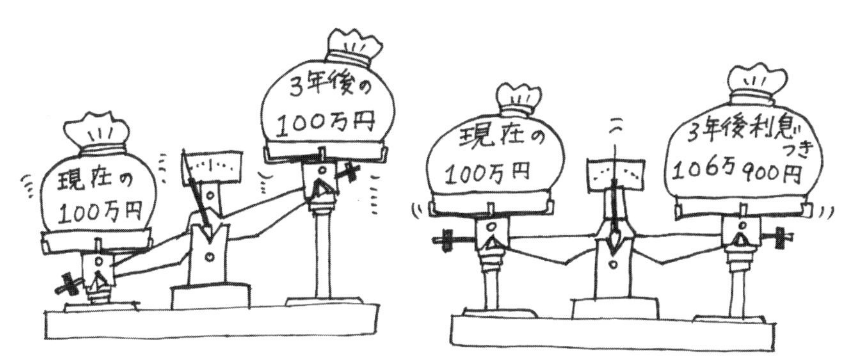

在もらった100万円を３年間運用すれば（この世界ではどこで運用しても３％の収益が得られる），将来価値に等しくなる。金利を設定した上で，複利の計算式を使うことができれば，将来価値を簡単に求めることができる。

## 1-4 現在価値

さて，いよいよ「現在価値」だ。現在価値は多くの金融商品の価値を計る上で，基盤になる概念だ。株式だって，債券だって，不動産だって，この考え方を応用して，理論的な価値を推計することができる。実務的にもこの推計は頻繁に行われている。企業を買収する計画を練るときだって，公的年金の給与からの天引き額を政府が計算するときだって，この考え方に基づいて緻密な計算が行われている。だからこの「現在価値」の概念を絶対に理解しないといけない。

でも，「将来価値」さえわかれば，「現在価値」は簡単。だって逆にすればいいのだから。まずは言葉で言い換えてみよう。さっきの例を使うと，「３年後の106万900円の現在価値は100万円」。単にそれだけ。では，これを数式で表してみよう。将来価値では複利での（１＋金利）を年数回掛けたけれど，現在価値ではその逆なのだから（１＋金利）で年数分割ればいい。同じリスク中立的世界ならば，(1＋3%)。106万900円を求めた将来価値の数式を，動画を逆回転させるように数式で示せば下記のようになる。

$$\frac{106万900円}{(1+3\%)^{3}}=100万円$$

これが金融商品や投資プロジェクトや買収企業の価値を求める基本。現在価値は，第２章で債券や株式や企業の価値，第４章で企業の価値を求める方法を説明する際にもまた出てくるから，今，きっちりと覚えておこう。

将来価値をFV（Future Value），現在価値をPV（Present Value），リスク中立的世界の一律の金利を $r$％，期間を $n$ 年とすると，FVとPVの関係は次のようになる。覚えておこう。

$$PV \times (1 + r\%)^n = FV$$

$$\frac{FV}{(1 + r\%)^n} = PV$$



## 1-5 NPV（Net Present Value，正味現在価値）

企業や投資プロジェクトの理論的価値を推計する際に，「NPV（正味現在価値）」を用いることがある。投資によって得られるキャッシュ・フローが，投資額に見合ったものなのかを判断するための方法だ。キャッシュ・フローとは実際に出入りするお金の流れのことで，実際に入金されない収益は含まれない。ファイナンスではキャッシュ・フローが経営指標として重視される。原理は簡単。計算方法はまず将来発生するキャッシュ・フローの現在価値（Present Value）をすべて足し合わせて，その値から初期の投資額を差し引けばいい。

例えば，下記のような投資プロジェクトAがあるとする。1期目の予想キャッシュ・フローは20億円，2期目は30億円，3期目は40億円で，4期目は40億円。4期でこのプロジェクトは終了する。金利については，ここでは「リスク中立的な世界」になっていて，どの金利も一律で3％だとする。初期投資額は100億円。果たしてこの投資プロジェクトは投資に見合ったものなのだろうか。

入ってくるキャッシュ・フローを上方向，初期投資額を下方向の棒で表すと，**図表1-1**が示す通り。

このNPVを計算するには，金利が3％のときの，将来発生するキャッシュ・フローの現在価値を求めて，すべてを足す。その値から初期投資額100億円を引けばよい。その値が0より大きければ投資価値あり，0より小さければ投資価値なしということになる。つまり，将来発生するキャッシュ・フローの現在価値の合計額が初期投資額を上回るのであれば，投資価値があるということ。

**図表1-2**が示すように，将来発生するキャッシュ・フローの現在価値は1年目19.42億円，2年目28.28億円，3年目36.61億円，4年目35.54億円。これら

図表1-1 ▶金利が3%のときのプロジェクトAの予想キャッシュ・フローと初期投資額

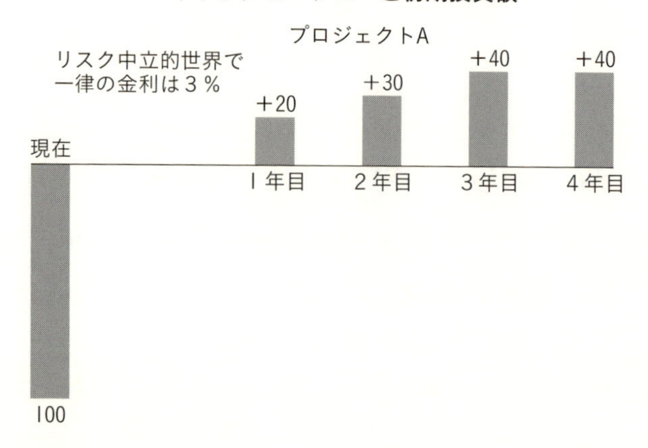


図表1-2 ▶金利3%のときのプロジェクトAの予想キャッシュ・フローと現在価値

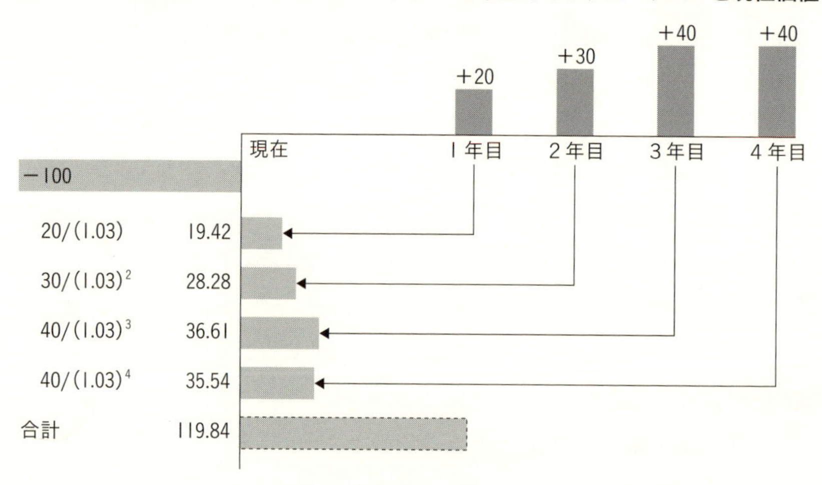


を合計すると119.84億円になる。NPVは119.84億円から100億円を引いて求める。答えは+19.84億円。このNPVは正の値であるので(+19.84億円>0),この投資プロジェクトは投資価値があることになる。

数式で表すと次の通り。初期投資額を$CF_0$,金利を$r$,各$t$期のキャッシュ・フローを$CF_t$,投資プロジェクトは$n$期まで続くとした場合。

$$NPV=-CF_0+\frac{CF_1}{(1+r)}+\frac{CF_2}{(1+r)^2}+\cdots\frac{CF_n}{(1+r)^n}$$

## 1-6 IRR（Internal Rate of Return，内部収益率）

同様に現在価値をベースにして，企業価値や投資プロジェクトなどの価値を計る方法に，IRR（内部収益率）を求めるという方法もある。NPV では初期投資額と将来発生するキャッシュ・フローの現在価値の合計額を比較して，後者が前者を上回っていれば投資の価値があると判断できた。

IRR では初期投資額と将来のキャッシュ・フローの現在価値の和の値が等しいという前提を置く。その前提の上でまだ未知の値である IRR を求める。例えば，NPV の数式で使った記号を使って，金利 $r$ を IRR に置き換えると，下記のようになる。

$$CF_0=\frac{CF_1}{(1+IRR)}+\frac{CF_2}{(1+IRR)^2}+\cdots\frac{CF_n}{(1+IRR)^n}$$

この方程式を解いて，IRR を求めるのは容易ではない。とても筆算ではできそうにない。だけど，Microsoft Excel があれば，IRR 関数を用いて簡単に解くことができる。Excel それぞれの数値を入力して，関数コマンド IRR の数値に当てはめればいい（**図表1-3**）。

Excel では，図表1-3のように数値を並べ，IRR 関数の範囲（例の場合は C4：G4）を指定して「OK」をクリックすると，指定のセル（H4）に数値が出てくる。数式タブ→関数の挿入→関数の検索（“IRR” で検索）→ IRR の “範囲” に “C4：G4” を指定→ OK をクリックの手順になる。

例えば**図表1-4**，**図表1-5**がそれぞれ示す，投資プロジェクト A と新たに加えた投資プロジェクト B の IRR を比較してみる。いずれも初期の投資額が100億円で，4期にわたる投資プロジェクトである。各期の予想キャッシュ・

図表１－３ ▶ Excel の関数で "IRR" を使って IRR を求めてみよう

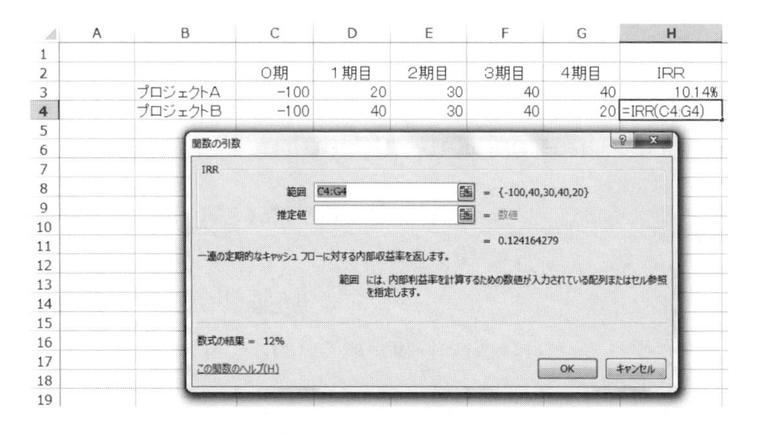

| | A | B | C | D | E | F | G | H |
|---|---|---|---|---|---|---|---|---|
| 1 | | | | | | | | |
| 2 | | | 0期 | 1期目 | 2期目 | 3期目 | 4期目 | IRR |
| 3 | | プロジェクトA | −100 | 20 | 30 | 40 | 40 | 10.14% |
| 4 | | プロジェクトB | −100 | 40 | 30 | 40 | 20 | =IRR(C4:G4) |



図表１－４ ▶ 投資プロジェクトＡの予想キャッシュ・フローと IRR

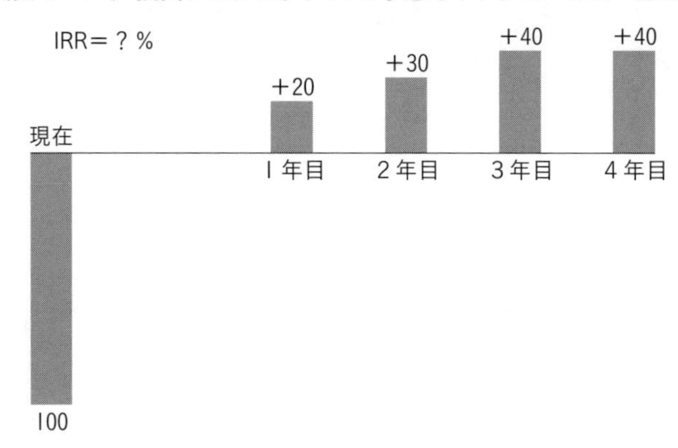


フローの額が異なっている。

Excel を使って解いてみると，プロジェクトＡの IRR は10.14%，プロジェクトＢの IRR は12.42%となる。投資価値はプロジェクトＢのほうが高いことになる。

IRR の場合は求められた割引率の値が大きいかどうかで考える。投資価値が高いほど IRR の値は高くなる。例えば複数のプロジェクトがあって，どちらが投資に有益かということを判断する場合，両プロジェクトの IRR をそれぞ

**図表1-5 ▶ 投資プロジェクトBの予想キャッシュ・フローとIRR**

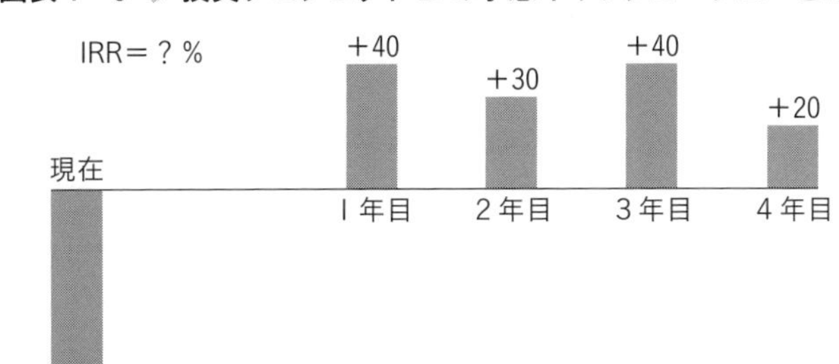

**図表1-6 ▶ 投資プロジェクトAの予想キャッシュ・フローの現在価値と初期投資額**

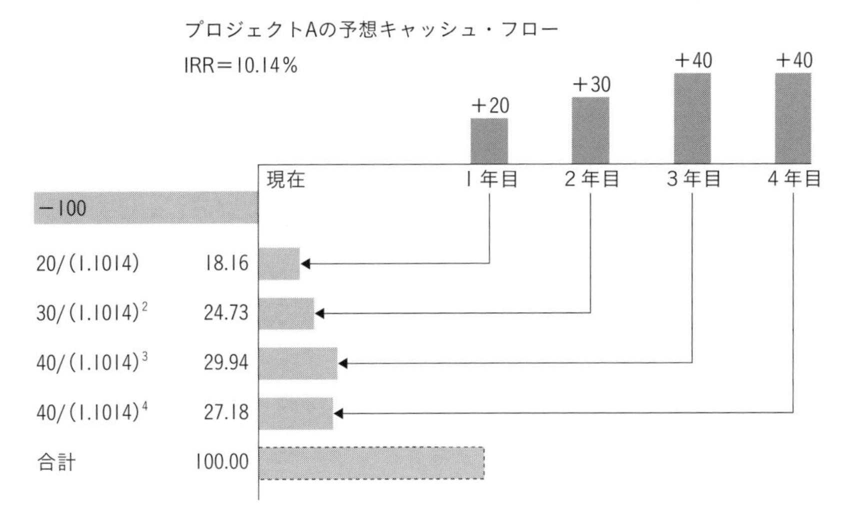


れ求めて比較すればいい。

それぞれのIRRを使って，逆に現在価値を求めると**図表1-6**，**図表1-7**に示す通りになる。

**図表1-7 ▶ 投資プロジェクトBの予想キャッシュ・フローの現在価値と初期投資額**

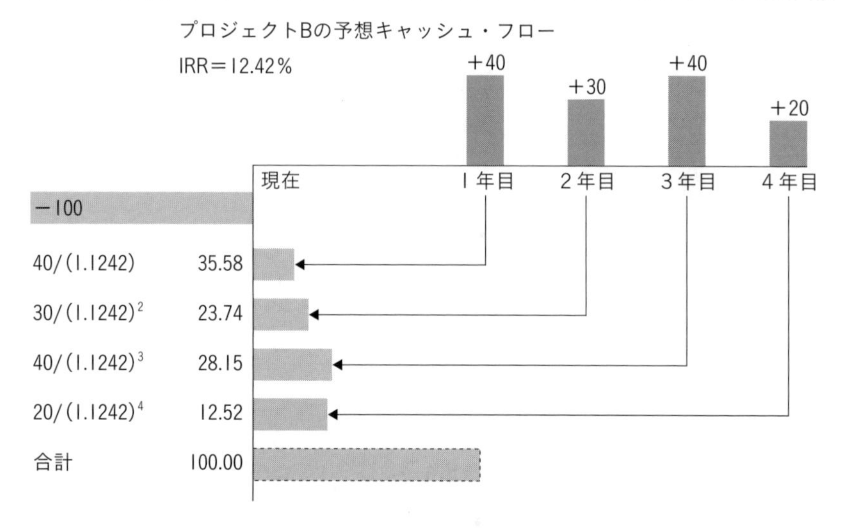


**確認問題**

下記のAとBの3年間のプロジェクトでは，どちらに投資するほうが合理的か。NPVを求めて比較せよ。割引率として用いる金利は2％とする。ただしリスクや手数料などは考慮しない。計算過程を示すこと。

| | プロジェクトA | プロジェクトB |
|---|---|---|
| 初期必要投資額 | 100万円 | 200万円 |
| 1年目キャッシュ・フロー | 80万円 | 110万円 |
| 2年目キャッシュ・フロー | 50万円 | 90万円 |
| 3年目キャッシュ・フロー | 30万円 | 60万円 |

**解　答**

- プロジェクトAのNPV

$$-100万円+\frac{80万円}{(1+2\%)}+\frac{50万円}{(1+2\%)^2}+\frac{30万円}{(1+2\%)^3}=54.76万円$$

• プロジェクトBのNPV

$$-200万円+\frac{110万円}{(1+2\%)}+\frac{90万円}{(1+2\%)^2}+\frac{60万円}{(1+2\%)^3}=50.89万円$$

NPVを比較すると，プロジェクトAのほうが大きいので，プロジェクトAに投資するほうが合理的。

## 2 無裁定価格理論

### 2-1 裁定取引はビジネスの本質

あらゆるビジネスの本質は「裁定取引」にある。なぜなら裁定取引とは「価格差を利用して売買し利益を稼ぐ取引のこと」だから。例えば商品を安く仕入れて，付加価値をつけて高く売ることができれば，それは本質的に裁定取引のようなものだといえる。実際には「裁定取引」という言葉は，ファイナンスの専門用語として使われることが多いけれど，比喩としていろんな事例に当てはめることができると考えられる。

例えばあるアパレル・メーカーが，ある経済発展の著しい新興国に業界に先駆け，いち早く衣料品工場を建てたとする。これにより，そのアパレル・メーカーは国内よりもずっと安い人件費で現地の人を雇用することができるようになる。これによって，製造費用を抑えながらコスト・パフォーマンスの高い衣料品を国内で販売して利益を得ることができるなら，それは内外の人件費格差に着目してビジネス・チャンスをとらえた，「裁定取引」のようなものだと考えることもできるだろう。

この経営戦略を真似して，他のアパレル・メーカーも，その新興国に衣料品工場を建設していくかもしれない。だけれども，この後から参入するアパレル・メーカーがのんびりとしていて，参入がすでに何年も経てからのものであったとするならば，最初にこの戦略をとった企業ほどには，コスト削減のメリットは得られないかもしれない。なぜなら，最初にこの戦略をとったアパレル・メーカーや他のアパレル・メーカーがこの新興国の雇用を拡大させたことで，現地の人件費はだんだん高くなっていくから。人件費も労働需要と労働供給の関係で決まるから，労働需要が急拡大するとやがて人件費は上昇していく。人件費の内外格差もだんだん縮小していくことになる。後発の会社がおっとり進出してきた頃には，最初に進出した会社はもう別の国に進出を始めているかもしれない。ビジネスはチャンスをいち早くとらえることが重要。なぜなら裁定取引のようなビジネス・チャンスは，時間が経つとだんだんうまみがなくなってきてしまうものだから。

## 2-2 一物一価の法則

もう1つ，たとえを使って考えてみよう。経済学の概念に「一物一価の法則」というものがある。この法則は読んで字のごとくの法則。自由な市場が発達しているなら，同じ市場の，同じ時点における，同じ商品は，同じ価格になるということ。この法則が日本全国のパソコン市場でも働いていると考える。もしある同じ型番で，機能も品質もデザインも同じパソコンが，大阪では10万円，東京では12万円で売られているとしよう。これは「一物一価の法則」に反することだから，いずれ価格は新しい価格に収斂していく。大阪では今後そのパソコンが値上がりしていくだろう。一方東京ではそのパソコンは値下がりしていくだろう。そうした変化を通じて，大阪と東京のパソコン価格が均一化する方向に変化していく。

なぜ均一化するのかというと，大阪と東京で価格差が発生している状態では，「裁定取引」の機会が発生しているから。大阪で同じモデルのパソコンを仕入れ，それを東京で販売したらどうなるだろう。交通費などさまざまな諸経費を考えないとしたら，このビジネスでは，パソコン1台につき2万円を儲けることができることになる。これは価格差を利用して利益を稼ぐのだから，まさに「裁

大阪で10万円のパソコンを仕入れて，東京で12万円で売ると，
簡単に利益が得られるのだけれど…。

定取引」だ。

だけれど，この「裁定取引」をねらって，たくさんの人がこのビジネスに参入してくることだろう。ビジネスの本質は安く仕入れて高い値段で売ること。この裁定取引の場合は付加価値をつける必要もない。大阪で入手したパソコンをそのまま東京に送って販売すればそれだけで利益をあげることができる。

その「裁定取引」ビジネスをもくろんで，大阪ではたくさんの人がその型番のパソコンを仕入れる。東京ではたくさんの人が同じ型番のパソコンを販売する。だけど大阪ではそのパソコンを買う人がだんだん増えていき，やがて需要が供給を上回る。そして，その型番のパソコンの販売価格はだんだん上がっていく。一方，東京ではパソコンを売る人がだんだん増えていき，やがて供給が需要を上回るので，そのパソコンの値段はどんどん下がっていく。おそらくいずれ11万円前後に価格が均一化していくだろう。「一物一価の法則」が働くから，最終的には「裁定取引」はできなくなる。別の表現を使うと，「裁定取引」ができなくなるように（一物一価の法則を満たすように），パソコンの価格は全国一様になっていく。

## 2-3 Arbitrageと無裁定価格理論

「Arbitrage（アービトラージ）」というのは，ファイナンスの専門用語とし

て使われる「裁定取引」のこと。一方でそれを否定する「無裁定価格理論」という理論がある。「無裁定価格理論」によると，金融商品の市場価格は本来，この「裁定取引」ができないように，理論価格が決まっていく。2-2の例だと，「無裁定価格理論」による，上記のパソコンの理論価格は11万円ということになる。「裁定取引」，つまり誰もがただで儲けることができるような甘い市場にはならないということがこの理論の前提となっている。

だけど，実際にはこのArbitrageで儲けているプロの投資家も少なくない。それは常に市場が「無裁定価格理論」通りになっているわけではないからだ。Arbitrageは，理論価格と実際の金融商品の値動きにはズレがあり，そのズレを利用してただ同然で資産運用益をあげる手法なのだけれど，多くの投資家が参加する効率化した（売り買いの材料に即座に反応する）金融市場の値動きは速いから，Arbitrageはなかなかできない高度な運用手法だと考えていい。

では，Arbitrageを行うプロはどういう手法を行えばいいかということだけれど，株式を例として単純化して考えてみる。その前に「信用取引」とは何かを知っておく必要がある。「信用取引」とは，現金や株式を担保として証券会社に預けて，証券会社からお金を借りて株式を買ったり，株券を借りてそれを売ったりする取引のこと。現金を借りることもあるし，株式を借りることもある。以下の例では株式を借りる信用取引を使う。

まず，A社の株式とB社という同業で規模や業績もA社と近い企業の株式があるとする。この2つの株式は値動きもよく似通っている。この2つの株式を使ってArbitrageを行う投資家は両者の理論株価を推計していて，その精度は高いものとする。それによると，A社の株価は600円，B社の株価は500円だとする。いずれの株式も同様に値動きするため，A社の理論株価はB社の理論株価よりも，常に100円程度の株価の開きがあると考える。

ある時，A社の株価とB社の株価に通常以上の開きがあって，A社の株価のほうがB社よりも200円高い局面があったとする。このとき，Arbitrageを行う投資家は，以下の手続きをとる（取引の手数料や税金などは考えない）。

① A 社の株式を借りてきて（信用取引），市場で売却

…A 社の株価分の収入

② B 社の株式を購入する

…B 社の株価分の支出

①と②の取引でいくらお金の出入りがあるのか（キャッシュ・フローがあるのか）というと，200円。A 社の株式のほうが200円高くなっているわけだから，その差額がキャッシュ・フローの入超額になる。その後しばらく時間が経過すると，A 社と B 社の株価の差は理論株価が示すように100円に戻るとする。今度は逆の取引を行う。

③ A 社の株式を購入し，返却する

…A 社の株過分の支出

④ B 社の株式を売却する

…B 社の株価分の収入

では，③と④の取引でいくらお金の出入りがあるのだろうか（キャッシュ・フローがあるのか）。これは100円の出超ということになる。③と④で100円のお金が出て行くことになるけれど，①と②では200円のお金が入ってきていたわけだから，①～④を通算すると，Arbitrage により，1 株につき100円の収入が得られることになる。この Arbitrage 取引のイメージを**図表 1 - 8**で示している。

①と②の取引と，③と④の取引ではまるであべこべのことをしているに過ぎない。① A 社の株式を売って，②同時に B 社の株式を買う取引，そして③ A 社の株式を買って，④同時に B 社の株式を売る取引。それでも，①～④を通算すると，1 株につき100円の利益が得られる。これは Arbitrage を行った投資家の推計通り，A 社株式と B 社株式の理論株価の差が100円だからで，200円の価格差が形成される局面は，A 社の株式が高過ぎる一時的な局面だとい

図表1-8 ▶ Arbitrage取引のイメージ

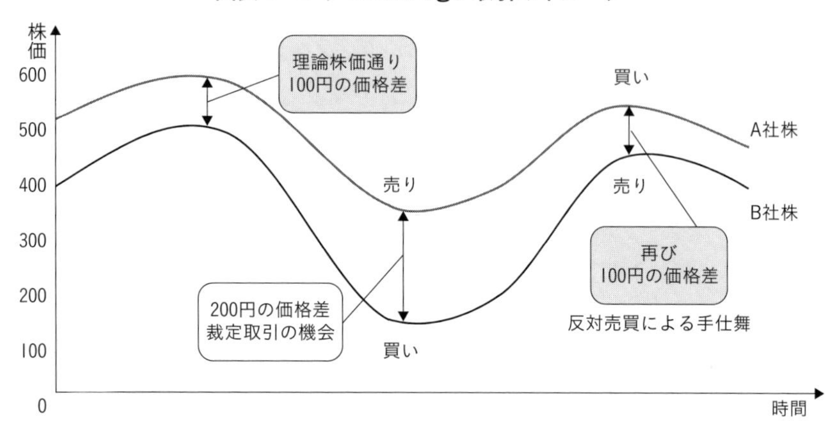


うこと。投資家はこのチャンスを逃さず，「裁定取引」をしてただ同然で100円を儲けたことになる。

でも，Arbitrageは大きく損失を出すリスクもある。かつてアメリカにLTCM（Long Term Capital Management）という，巨大なヘッジ・ファンド（さまざまな金融商品に分散投資して，高い運用収益を追求する投資信託あるいはその運用組織のこと）があったのだけれど，このヘッジ・ファンドは運用チームにノーベル経済学賞受賞者（マートン，ショールズ）らを集め，高度な金融工学理論を駆使して，組成から数年は驚異的な成績を記録していた。

しかし，1998年にArbitrageによる資金運用で失敗して実質的な破綻状態に陥る。最終的にはNYの主要投資銀行による救済（36億ドルの融資）を仰いで，とりあえず取引を継続し，後に清算されてしまった。実際に破綻してしまっていたら，多くの金融機関にも被害が及ぶ恐れがあったから，ニューヨーク連邦準備銀行が主導して救済策がとられたのだった。

当時，LTCMはロシアなど新興国の債券が割安だと考えて，レバレッジをかけて（デリバティブを使って手元資金以上の資産運用を行って），ロシア債券等を買い，反対に割高だと考えていた米国債など先進国の債券を売る戦略に出ていた。いずれ両者の価格差が縮小したら，今度は逆の取引を行うことで，

Arbitrageによる収益をあげる予定だったとみられる。ところが1998年8月17日にロシアが突然，短期国債のデフォルト（債務不履行）を宣言してしまう。LTCMでは，そのデフォルトの確率は100万分の3だと推計していたのに，まさかの事態が起こってしまった。

当然，ロシア国債など新興国の債券価格は暴落し，米国債など先進国の債券価格は高くなった。LTCMの思惑とは全く逆の方向に相場が動いてしまったから，巨額の資金で投資を行っていたLTCMは，破綻に追い込まれるほど大きな損失を出してしまったわけだ。金融市場はけっして予想通りに行くものではない。稀にしか発生しないはずの出来事が突然起こることで，投資家が巨額の損失を被るケースもある。

## 2-4 効率的市場仮説

さて，その裁定取引がうまくできるかどうかについては，市場が効率的かどうかにかかっている。市場が効率的だというのは，市場にあらゆる情報が迅速に織り込まれるということ。そんな状態になれば，どんな優秀な投資家も付け入る隙はない。

例えば，過去の株価（為替レートや他の金融商品の価格も）の推移を示すチャート（図表）を使って，将来の株価の変化を予想しようという人たちがいる。こういう分析はテクニカル分析，チャート分析などと呼ばれている。一方，企業の業績や財務状況，そして経済指標などの，基礎的な要因をもとに株価等を予想して割安銘柄を見つけて投資する人たちもいる。こういう分析はファンダメンタルズ分析と呼ばれている。

両者は対照的なアプローチであるけれど，もしも株式市場が効率的だったら，株価は過去の動きを反映せず（過去の動きを示すチャートの動きを読み込んでも今後の株価の動きを予想できない），また発表された情報もすぐに株価に反映してしまい，割安の銘柄もなくなってしまうから（あらゆる情報を折り込んで株価は瞬時に変動していく），まじめに投資活動を行っていても，勝つのは偶然に過ぎないことになってしまう。そんな状況ではArbitrageを得意とするヘッジ・ファンドの投資家だって，出る幕ではない。

でも，上記のスタイルの投資家は世の中にたくさんいる。チャートを読み込み（テクニカル分析），企業の財務内容や業況を調べて（ファンダメンタルズ分析），高いパフォーマンス（運用成績）を続ける投資家もいる。ということは，現実の市場は完全に効率的であるとはいえないのかもしれない。

一方で，いくら情報収集して株式投資に臨んでも，株価の変化は速く，個人の投資家のパフォーマンスが，市場平均である株価指数の伸び率に優ることはなかなか難しい現実の側面も確かにある。それは株式市場に効率的な側面があるからなのだろう。

ユージン・ファーマは，効率的市場には，３通りの段階があるとする「効率的市場仮説」を60年代から提唱している。３通りの段階はそれぞれ「ウィーク・フォーム」，「セミ・ストロング・フォーム」，「ストロング・フォーム」と呼ばれるものである。

「ウィーク・フォーム」では過去に公開された情報や過去の株価変動が，現在の株価に影響を及ぼすことはないというもので，テクニカル分析（チャート分析）が通用しないことを意味している。テクニカル分析は，過去の値動きをチャート（株価などの推移を表す図）で表して，そこからトレンドやパターンなどを把握し，今後の株価，為替動向を予想する方法である。

**図表１－９**はトヨタ自動車の中長期的な株価の変動を示すチャートなのだが，３種類の移動平均線（一定期間の終値の平均値をつなぎ合わせて線にしたもの）という補助線が引かれている。テクニカル分析の中には，この移動平均線がどのように交差するかをみて，今後の株価上昇や下落のトレンドを分析する手法がある。アカデミズムの世界では信憑性のある分析であると考えられていないが，実際にこの手法を活用している投資家も少なくはない。

「セミ・ストロング・フォーム」に関しては，過去に公開された情報だけではなく，新たに公開される情報が瞬時に価格に反映されるという前提。こういう状況では，企業の財務状況や業況のデータを分析する，「ファンダメンタルズ分析」も通用しないことになってしまう。

**図表1-9 ▶ トヨタ自動車の株価変動**

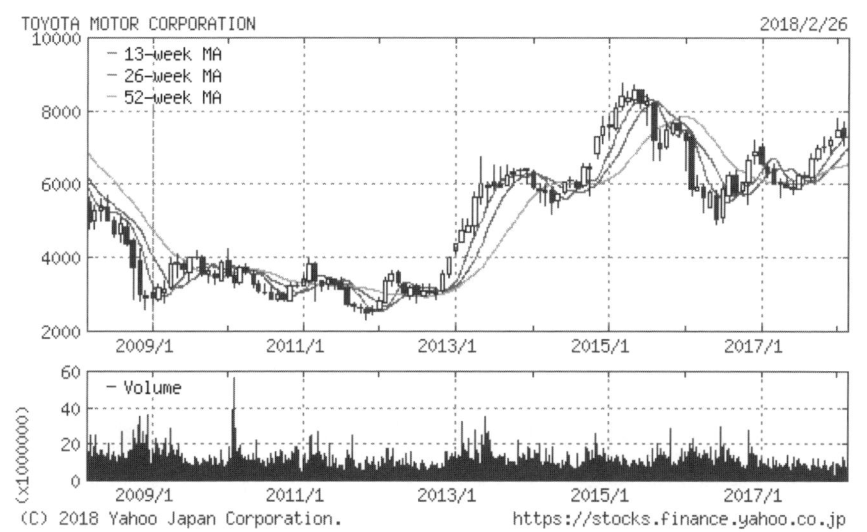


出所：Yahoo！ファイナンス

さらに，「ストロング・フォーム」だと，株価は未公表の情報もすべて反映していることになるから，もはや完全に「裁定取引」ができない市場になってしまう。インサイダーとして誰も他に知らない内部情報を得て投資を行っても，市場はその情報すら織り込んでいるから，儲けることはできない。

この3種のそれぞれのフォーム下における，現実の投資手法の有効性を示したのが**図表1-10**である。

**図表1-10 ▶ 3段階の効率的市場仮説と投資手法の有効性**

| 効率的市場仮説 | テクニカル分析（チャート分析） | ファンダメンタルズ分析 | インサイダー取引 |
|---|---|---|---|
| ウィーク・フォーム | × | ○ | ○ |
| セミ・ストロング・フォーム | × | × | ○ |
| ストロング・フォーム | × | × | × |

○：利益を得られる
×：利益を得られない

ストロング・フォームになってしまうと，株価は「ランダム・ウォーク（千鳥足)」という，ただただ無作為に，動くものに近くなってしまう。偶然に起こったこともそのまま株価にすぐに反映されてしまうわけだから，まさにあっちにふらふら，こっちにふらふら，酔っぱらいの足どり（千鳥足）みたいにどちらに行くか予想がつかない。偶然に株価が動くわけだから，もはや株価の動きについての予想は何の意味もない。いくら情報をかき集めて，的確にそれらを分析した上で株式投資に臨んでも，日経平均や TOPIX などの株式指標（インデックス）への投資に優ることは期待できなくなる。『ウォール街のランダム・ウォーカー』という名著を書いた，バートン・マルキールはこういっている。「ランダム・ウォークを突きつめていけば，目隠しをしたサルに新聞の相場欄めがけてダーツを投げさせ，それで選んだ銘柄でポートフォリオを組んでも，専門家が注意深く選んだポートフォリオとさほど変わらぬ運用成果を上げられることを意味する」。これはプロの投資家もサルも，相場で勝つ確率は同

百戦錬磨のプロの投資家だって，
目隠しをしたサルにかなわないことも。

じようなものだということを意味している。この考え方を突きつめて，金融市場の価格変動は確率的な問題に過ぎないとし，ランダム・ウォーク理論を研究する人たちもいる。また，第3章第2節で述べるモダン・ポートフォリオ理論やCAPM（キャップエム）などのファイナンス理論も，この効率的市場を前提としている。

一方で現実の世界では，抜け目のない投資家が割安に放置された株式を購入し，割高な銘柄を売却する取引を常にねらっている。Arbitrageをねらう投資家もいる。効率的市場仮説はあくまで「仮説」に過ぎない。実証研究ではさすがに「ストロング・フォーム」を支持するような研究はほとんどないけれど，「セミ・ストロング・フォーム」の存在が実証されることも，されないこともある。結論はなかなか出てこない。それは市場が局面で変化すること，そして，また市場によって効率性の段階が異なっていることによると考えられる。さまざまな投資スタイルを持つ投資家たちが共存しながら，今後もさまざまな投資手法を生み出していくと考えられる。

## 3 リスクとリスクに対する態度

### 3-1 リスク（risk）とは？

リスク（risk）という言葉はもうすっかり日本語になっている。他の日本語に置き換えるとしたらどうなるだろう。辞書（小学館「大辞泉」）で調べてみると「危険」や「危険度」という言葉が使われている。「リスク」と「危険」。ファイナンスで使われる「リスク」という言葉の意味を説明しようとすると，「危険」では，ちょっとニュアンスが異なっているように思える。

「危険」という言葉は，ネガティブなニュアンスが強い。どんな状況においても，「危険」はつきものではあるけれど，あくまで察知して回避すべきものであって，正常な神経の持ち主なら，自分の身をわざわざ「危険」にさらすことはしないだろう。スタントマン，消防士，自衛隊員といった命の危険を顧みないで仕事をすることもある人たちだって，「危険」をできる限り回避できるように十分注意をしている。仕事には「危険」がつきものといっても，そういう「危険」はお金を儲けるためのチャンスというわけではない。ひょっとしてそう思っている人もいるかもしれないけれど，それはやめてもらいたいものだ。

一方，ファイナンスの世界では，「リスク」はお金を儲けるためのチャンスでもある。だから,「リスク」という言葉には両方の意味がある。避けるべき「危険」があるという否定的な意味がある一方で，引き受けることで高い収益が得られる「チャンス」があるという肯定的な意味もある。そもそも，リスクを受け入れないと，投資なんてできはしない。株式は株価が上がることも下がることもあるからこそ，うまくいけば高い収益が得られるのだから。

その意味では「リスク」は，最近の若い人がよく使う「やばい」という言葉に近いかもしれない。「やばい」という言葉自体は以前からある言葉で，「非常に都合が悪い」「危険な状況」といった意味を持っている。だけど，最近使われるようになった「やばい」は，従来の意味に新たな意味が加わっていて，否定的な意味だけではなく肯定的な意味でも使われている。

試験を前にして勉強していなかったら「やばい」と，従来の意味でまずい状態を表現するだろうけれど，最近は美味しいものを食べても，それを「やばい」と表現する。街で魅力的な異性を見ても「やばい」と表現する。「リスク」という言葉もこれと似たようなところがあると考えればいい。

「虎穴に入らずんば虎子を得ず（不入虎穴焉得虎子）」。中国の有名な故事成語だけれど，虎の穴に入るようなリスクを冒さないと，何かを成すことはできないという意味だ。「ハイ・リスク・ハイ・リターン（“High Risk High Return”)」というように，リスクの高い金融商品は高いリターン（収益）をもたらすこともある。一方，「ロー・リスク・ロー・リターン（“Low Risk Low Return”)」では，リスクの低い資産だとリターンは総じて低い。この言葉で気をつけないといけないのは，リスクが高いからといって，必ずしもすべてのリターンが高いわけではないということ。

リスクの高い金融商品は，あくまで一般的に平均リターンが高い傾向にあるというのであって，すべてが高いというわけではない。リスクが高いと，高いリターンのこともあれば，低いリターンのこともあり，その差も大きくなる。つまり，ファイナンスの世界でリスクが高いという表現は，結果の「散らばり」が大きいだろうということを意味する。逆に，「散らばり」が小さく，高いリターンと低いリターンの間であまり差が出ないだろうとみられるのが，「リスク」の低い状態。

## 3-2 リスクの可視化

株式でも銘柄によってリスクは異なる。一般的に鉄道や電力などのインフラ系，医薬品や食料品などの生活必需品を扱う業界の銘柄は，景気の変動に業績が左右されにくいことから，株価変動のリスクが低く，「ディフェンシブ銘柄」といわれている。株価の上昇局面において他の銘柄に比べて相対的に上昇幅が限定的である一方で，株価の下落局面においては下げ幅が相対的に小さいから，ディフェンシブ（防衛的）な投資になるわけだ。一方，ベンチャー企業などの新興企業や，景気の変動によって業績が上下しやすい業界の銘柄は逆に株価の変動が大きい傾向にある。

**図表1-11，1-12**のヒストグラム（データの「散らばり」具合を示すのに便利なグラフ）は，それぞれトヨタ自動車（7203）とハウス食品グループ本社（2810）の毎日の株価の変動率を10年と９カ月の間にわたって集計したものだ。

集計期間中，全営業日で2,392日分あるから，両社の株式の毎日の値上がり幅に，散らばりが出てくる。トヨタの業績は為替レートの変動によって，大きく変動する。円高になると業績は悪化するが，円安になると業績はよくなる。為替レートという変動率の高い要因が株価（業績）に大きな変動をもたらすことから，ここでは相対的にリスクの高い銘柄として取り上げた。

一方，ハウス食品は食品業界の会社だから，ディフェンシブ銘柄の代表。景気がよくなっても悪くなっても，消費者が毎日購入する食品の販売高が大きく変化することは考えにくく，株価も大きく変動することはあまりないと考えられる。

**図表 1-11 ▶ トヨタ自動車のデイリー・リターン**

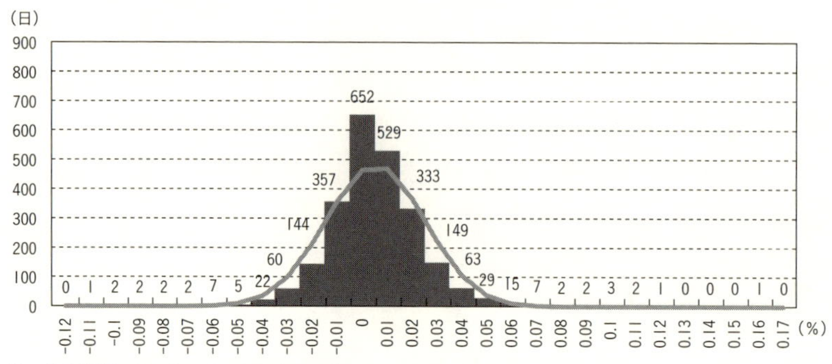


注：集計期間…2008年４月～2017年12月末

**図表 1-12 ▶ ハウス食品グループ本社のデイリー・リターン**

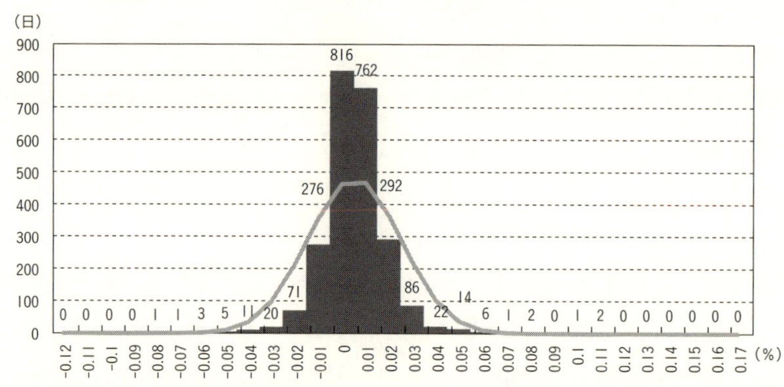


注：集計期間…2008年４月～2017年12月末

ヒストグラムの形状から，両銘柄の違いが一目でわかる。トヨタもハウスも０％の値に１日のリターンが集中しているけれど，ハウスのほうがトヨタよりも集中度がより高くなっている。トヨタは15.5％も株価が上昇した日があるけれど，11.6％も株価が下落した日がある。一方，ハウスは10.4％分株価が上昇した日が１日ある一方，8.4％株価が下落した日も１日ある。どちらがリスクの高い銘柄であるかはすぐにわかるだろう。ちなみにそれぞれの平均リターン（収益）は，トヨタが0.035％，ハウスが0.048％となっていて，少しだけハウスのほうが高くなっている。

ヒストグラムの上に示されている横に伸びている曲線は，正規分布という分布を表している。このヒストグラムでは，少しサンプル数（2,392）が少ないため，正規分布の形もそれほど綺麗ではないけれど，本来は富士山や釣り鐘の形のように，左右対称の綺麗な形になる。正規分布は平均付近が一番高く，平均から離れるにつれて緩やかに低くなっていく形の分布で，数学的な処理もしやすいため，統計データの分析によく使われる。例えば「サイコロを何回も投げたときに出た目の合計値」，「全国の中学生の男女別体重」，「全国模試の点数」といった「散らばり具合（分布）」を表すときに，たくさんのデータを用いるとこの正規分布の形に近づいていくという前提が置かれている。サイコロを何度もふり，体重の統計をとる全国中学生の数を増やし，模試参加者も増やしていけば，この分布の形状はさらに綺麗な正規分布に近づいていく。データを増やせば増やすほど，事象の出現回数が理論上の値に近づいていく法則のことを「大数の法則」と呼んでいる。

正規分布は標準偏差 $\sigma$（シグマ）と呼ばれる，リスク（データの散らばり）を示す数値によって高さが変わっていく（標準偏差 $\sigma$ については後で詳しく説明する）。標準偏差 $\sigma$ が大きくなる，つまりリスクが高くなると，正規分布は高さが低くなり形状は横に広がっていく。逆にリスクが低くなると正規分布は高さが高くなり形状は横に狭くなっていく。また一番頻度の高い真ん中の値は平均値を示していて，平均値が変わると，山が左右にずれることになる。トヨタやハウスのヒストグラムも，リスクの高いトヨタのほうがヒストグラムの形状の裾野が広がっていて，ハウスの方が裾野は短くなっている。

両銘柄においては，正規分布に比べてヒストグラムの高さが高くなっていて，毎日のリターンが平均値近辺に集中していることがわかる。両銘柄とも正規分布が想定する標準偏差に比べて，それぞれの標準偏差（リターンの「散らばり」）は小さくなっている。

トヨタの標準偏差は0.020，ハウスの標準偏差は0.014であるが，やはりトヨタのほうがハウスよりも，リスクの指標である標準偏差 $\sigma$ の値が大きくなっている。トヨタの場合，15.5％もの収益が得られた営業日と，11.6％もの損失を出した日があり，ハウスに比べてリターンの「散らばり」があることは先に書いた通り。これらのリターンの値は，正規分布では頻度が０になっていて，正規分布を発生の前提にしていると，「起こらない」ことになっている，非常に珍しい値である。

こういう，正規分布を想定していたら事前にほとんど予想できない事象のことを統計学者は「ブラック・スワン」と呼んでいる。ここではトヨタの株式の１日の変動が正規分布の想定外だっただけだけれど，まさかという想定外のことが起こって，世界に衝撃をもたらすようなこともありうる。そういう想定外なことを示す値もやはり正規分布において，ずっと端のほうに位置づけられていて，予想頻度は限りなく０に近い値か０になっていることだろう。

なぜ「ブラック・スワン」と呼ぶのかというと，かつてはすべての白鳥が白色と信じられていたのだけれど，1697年にオーストラリアで黒い白鳥が発見され，鳥類学者の常識が覆ってしまったことがあったから。黒い白鳥なんていないと思っていたのに，発見者はその常識を覆すような，想定外の出来事に直面してしまったわけだ。

でも世の中の社会現象や自然現象の多くは，その確率的に変化するデータの値がおおむね正規分布に従うという想定を取り込んでおり，平均と標準偏差さえわかれば，多くの現象について「どういったことがどれくらいの確率で発生するのか」を計算できるようになっている。この考え方はマーケティング，保険会社の保険料の計算，将来の人口推計の予測など幅広く応用されている。

正規分布の便利なところは，平均値（$\mu$，ミュー）とリスクの指標である標準偏差（$\sigma$，シグマ）がわかれば，数学的に処理しやすく，世の中の多くの現象について，「どういったことがどれくらいの確率で発生するのか」を簡単に計算できるようになっているところ。これは確率変数が正規分布に従わない現象であっても，その標本平均の確率分布はサンプルサイズ$n$が大きければ正規分布で近似できる性質（中心極限定理）があることがわかっている。選挙速報などで，候補者の「当選確実」の情報が驚くほど速く報道されるのも，出口調査（投票後のアンケート調査）のデータを正規分布に当てはめて，当選の確

図表１-13 ▶ 正規分布

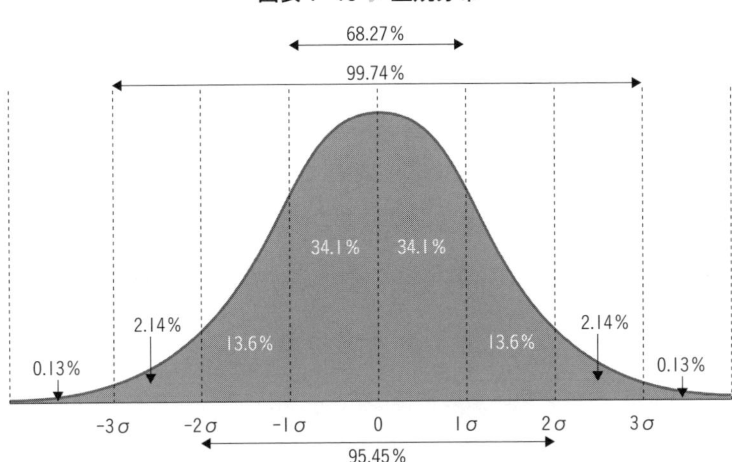


率を求めているから。

正規分布は,「平均との差は標準偏差の何倍か」という角度から見ると,より便利なものになる。リターンの値を$x$とした場合,平均値($\mu$)との差は$x-\mu$。この値がリスクの指標である標準偏差$\sigma$何個分になるかということだ。**図表１-13**で示すように,

まず,平均±１×標準偏差($\sigma$)の範囲に全体の約68.27%が含まれる。

次に,平均±２×標準偏差の範囲に全体の約95.45%が含まれる。

さらに,平均±３×標準偏差の範囲に全体の約99.74%が含まれる。

ということがわかっている。だから値が正規分布のどの辺りに位置づけられるかはわかりやすくなっている。さらに標準正規分布表を参照すれば,その他の値も全体の中でどの位置にあるかがわかるようになっている。

## 3-3 ❯ リスクの数値化　分散($\sigma^2$)と標準偏差($\sigma$)

では,いよいよリスクを数値化していこう。リスクの指標は標準偏差($\sigma$)の他に,分散($\sigma^2$)があるけれど,分散は標準偏差($\sigma$)を２乗すればいい。逆にいえば,分散($\sigma^2$)の平方根の値を求めれば,標準偏差($\sigma$)が計算される。

以下の例を使って，証券（株式）Aのリスクを求めていこう。まず，この株式は3通りのシナリオで収益が予想されるとする。好景気の場合が$S_1$，その生起確率は30%，景気が普通の場合は$S_2$，その生起確率は30%，不景気の場合は$S_3$，その生起確率は40%とする。当初の株価は1,000円。年間の配当額は50円ですでに確定しているとする。期末の予想株価は$S_1$から$S_3$でそれぞれ，1,150円，1,050円，850円であり，期末にこの株式を全額売却する予定である。

ここからまず，期待リターン$E(R_A)$を求めて**図表1-14**の空欄を埋めてみよう。期待リターン$E(R_A)$というのは，次の2通りの予想投資収益を合わせたものだ。1つはインカム・ゲイン（配当収益）比率。これは株式を発行している企業Aの配当額を現時点の株価で割って求める。1株につき年間50円の配当がすでに確定しているので，

インカム・ゲイン比率＝50÷1,000＝5%

もう1つはキャピタル・ゲイン（ロス）（株式売却益（損））比率。期末に株式を売却するとして，値上がった分が投資家のキャピタル・ゲイン比率，値下がった分がキャピタル・ロス比率になる。それぞれの事象でキャピタル・ゲイン（ロス）比率は異なる。

**図表1-14 ▶ 証券Aの期待リターン（$E(R_A)$）を求めよう**

| | | | 生起確率 $P(Sn)$ | 期末予想株価 | 各事象での期待リターン $Rn$ | 確率×リターン |
|---|---|---|---|---|---|---|
| 事象 $Sn$ | 好景気 | $S_1$ | 30% | 1,150円 | $R_1$ | |
| | 普通 | $S_2$ | 30% | 1,050円 | $R_2$ | |
| | 不景気 | $S_3$ | 40% | 850円 | $R_3$ | |
| | | | | | 期待リターン $E(R_A)$ | |

注：現時点の株価…1,000円、年間配当額50円とする。

$S_1$の場合のキャピタル・ゲイン比率　(1,150−1,000)÷1,000＝15%
$S_2$の場合のキャピタル・ゲイン比率　(1,050−1,000)÷1,000＝5%
$S_3$の場合のキャピタル・ロス比率　(950−1,000)÷1,000＝−5%



インカム・ゲインとキャピタル・ゲイン（ロス）を加えて，それぞれの事象での期待リターン $R_n$ を求める。

$S_1$の場合の期待リターン $R_1$　5%＋15%＝20%
$S_2$の場合の期待リターン $R_2$　5%＋5%＝10%
$S_3$の場合の期待リターン $R_3$　5%＋(−5%)＝0%

これで各事象（好景気，普通，不景気）での期待リターン $R_n$ を求めることができた。次に証券Aの期待リターンを求める。期待リターンは，リターンの期待値のことで，期待値は各事象の生起確率 $P(S_n)$ × 予想年間リターン $R_n$ をすべて足して求める。つまり，各事象での期待リターン $R_n$ の各事象の生起確率 $P(S_n)$ による加重平均値を求める。加重平均や期待値の求め方については序章の第4節で説明した通り。つまり，

$S_1$の生起確率 $P(S_1)$ ×各事象での期待リターン $R_1$＝30%×20%＝6%
$S_2$の生起確率 $P(S_2)$ ×各事象での期待リターン $R_2$＝30%×10%＝3%
＋$S_3$の生起確率 $P(S_3)$ ×各事象での期待リターン $R_3$＝40%× 0%＝0%

9%

となる。**図表1-15**はこの証券Aの期待リターン $E$（$R_A$）を求める過程を示している。

次にいよいよ，リスクの指標を求める。証券Aの分散（$\sigma_A{}^2$）の値は次のステップを通じて求める。

**図表1-15 ▶ 証券Aの期待リターン（$E(R_A)$）**

| | | | 生起確率 $P(Sn)$ | 期末予想株価 | 各事象での期待リターン $Rn$ | | 確率×リターン |
|---|---|---|---|---|---|---|---|
| 事象 $Sn$ | 好景気 | $S_1$ | 30% | 1,150円 | $R_1$ | 20% | 6% |
| | 普通 | $S_2$ | 30% | 1,050円 | $R_2$ | 10% | 3% |
| | 不景気 | $S_3$ | 40% | 950円 | $R_3$ | 0% | 0% |
| | | | | | 期待リターン $E(R_A)$ | | 9% |

注：現時点の株価…1,000円，年間配当額50円とする。

ステップ1…各事象での期待リターン $R_n$ と期待リターン $E(r_A)$ の差（偏差）を求める

ステップ2…それぞれの偏差の二乗を求める

ステップ3…ステップ2で求めた値のそれぞれの生起確率による加重平均値（分散 $\sigma_A{}^2$）を求める

それでは**図表1-16**の空欄を埋めていこう。まずはステップ1。それぞれの事象での偏差は下記の通り。この偏差というのは，各事象での期待リターン $R_n$ と平均値（＝証券Aの期待リターン）との距離であることに注意したい。

**図表1-16 ▶ 証券Aの分散（$\sigma_A{}^2$）と標準偏差（$\sigma_A$）を求めよう**

| | | | 生起確率 $P(Sn)$ | 各事象での期待リターン $Rn$ | | 確率×リターン | 偏差 | 偏差の2乗 | 確率×偏差の2乗 |
|---|---|---|---|---|---|---|---|---|---|
| 事象 $Sn$ | 好景気 | $S_1$ | 30% | $R_1$ | 20% | 6% | | | |
| | 普通 | $S_2$ | 30% | $R_2$ | 10% | 3% | | | |
| | 不景気 | $S_3$ | 40% | $R_3$ | 0% | 0% | | | |
| | | | | 期待リターン $E(R_A)$ | | 9% | | 分散 $\sigma^2$ | |
| | | | | | | | | 標準偏差 $\sigma$ | |

$S_1$の場合の証券Ａの偏差　20%－9%＝　11%
$S_2$の場合の証券Ａの偏差　10%－9%＝　 1%
$S_3$の場合の証券Ａの偏差　 0%－9%＝－ 9%



次にステップ２。今度はこれを２乗する。なぜ２乗するかというと，負の値があったとき（$S_3$は－９%）は，距離がマイナスになってしまっているから，平均からいくら離れているのかということを，他のデータ（$S_1$と$S_2$の場合の偏差）と比較することができない状態になっている。２乗すればみんな正の値になるから，正の値にした上で，ステップ３でこの偏差の二乗和の加重平均値（＝分散$\sigma_A{}^2$）を求めればいい。偏差を２乗して求めた分散の値は，うまい具合に各値が平均値のときに最小（＝０）になるようになっている。

$S_1$の場合の偏差の２乗　$11\%^2=(0.11)^2=0.0121$
$S_2$の場合の偏差の２乗　$1\%^2=(0.01)^2=0.0001$
$S_3$の場合の偏差の２乗　$(-9\%)^2=(-0.09)^2=0.0081$

最後にステップ３。偏差の２乗の値の，生起確率による加重平均値を求める。

$S_1$の生起確率$P(S_1)$×$S_1$の場合の偏差の２乗＝30%×0.0121＝0.00363
$S_2$の生起確率$P(S_2)$×$S_2$の場合の偏差の２乗＝30%×0.0001＝0.00003
＋$S_3$の生起確率$P(S_3)$×$S_3$の場合の偏差の２乗＝40%×0.0081＝0.00324

0.00690

証券Ａの分散（$\sigma_A{}^2$）は0.00690と求めることができた。次に標準偏差（$\sigma_A$）を求める。これは簡単。分散の平方根を求めると$\sigma=\sqrt{\sigma^2}=\sqrt{0.00693}=0.08307$。**図表１-17**はこの証券Ａの期待リターン$E$（$RA$）を求める過程を示している。

図表1-17 ▶ 証券Aの分散（$\sigma_A^2$）と標準偏差（$\sigma_A$）

| | | 生起確率 $P(Sn)$ | 各事象での期待リターン $Rn$ | | 確率×リターン | 偏差 | 偏差の2乗 | 確率×偏差の2乗 |
|---|---|---|---|---|---|---|---|---|
| 事象 $Sn$ | 好景気 $S_1$ | 30% | $R_1$ | 20% | 6% | 11% | 0.0121 | 0.00363 |
| | 普通 $S_2$ | 30% | $R_2$ | 10% | 3% | 1% | 0.0001 | 0.00003 |
| | 不景気 $S_3$ | 40% | $R_3$ | 0% | 0% | −9% | 0.0081 | 0.00324 |
| | | | 期待リターン $E(R_A)$ | | 9% | | 分散 $\sigma^2$ | 0.00690 |
| | | | | | | | 標準偏差 $\sigma$ | 0.08307 |

## 3-4 》2つの証券の相性共分散（$\sigma_{AB}$）と相関係数（$\rho_{AB}$）

ここで，さらに発展させて2つの証券を使ってみることにしよう。今度は2証券の相性を数値化してみる。当たり前だけれど，2つの証券の期待リターンはいつも同じ値を示すわけではない。証券の組み合わせによっては，まるで双子のように同じ方向に動いていく2証券の組み合わせも，まるで犬猿の仲の2人のようにまったく逆の方向に動いていく2証券の組み合わせもある。

2証券の期待リターンの相性を数値化したものが共分散（$\sigma_{AB}$）と相関係数（$\rho_{AB}$）（$\rho$ はギリシャ文字の小文字でロー）。この数値は，複数の金融商品の組み合わせを意味するポートフォリオ（元はイタリア語で「紙挟み」という意味）を評価する場合に使われる。

では，どのようにポートフォリオを組み合わせていけばいいのだろうか？もちろん，いろんな投資スタイルはあるけれど，大事なのは分散投資することによって，ポートフォリオ全体のリスクを小さくすること。同じ方向に動いていかない証券を集めて，うまく組み合わせれば，ポートフォリオ全体のリスクが低下していく。なぜなら，そういうポートフォリオでは，1つの証券が安くなったとしても，他の証券が高くなっている可能性があるから。逆に1つの証券が高くなったとしても，他の証券が安くなる可能性もある。分散投資をするとポートフォリオの期待リターンが，1証券の期待リターンよりも小さくなることもあるけれど，大きな損失を出す可能性も小さくなって，ポートフォリオ全体のリスクは低下していく。「分散投資」によるこの効果を「分散効果」と呼んでいる。**図表1-18**に示すように，たくさんのいろんな性質の証券を組み入れるほど，ある一定の限界まで，この「分散効果」はどんどん大きくなっていくことがわかっている。

逆に同じ方向に動いていく証券だけを組み合わせると，1つの証券が安くなったとしたら，他の証券もみんな安くなってしまう。まるで双子のように同じ性質の証券が2種類あったとして，それらを1つずつ組み合わせたポートフォリオの期待リターンは，一方の証券を2つ保有することとほとんど変わらないだろう。

そういった場合，結局，リスクは2倍近くになってしまう。一方の証券の価格が上昇すると，もう一方の証券も価格が同じように上がり，期待リターンは2倍になる。でも一方の証券の価格が下落すると，もう一方の証券の価格も下落して，損失も約2倍になる。「分散効果」は働かず，ポートフォリオを組んでも全体のリスクは低減しない。

では，共分散（$\sigma_{AB}$）と相関係数（$\rho_{AB}$）をどのように求めればいいのか。例題を続けてみよう。今度は**図表1-19**の空欄を埋めていく。証券Bは証券Aに比べて期待リターンが4％と低い。ここでは解き方を省略するけれど，証券Bの分散（$\sigma_B^2$）は0.00240。標準偏差（$\sigma_B$）は0.04900。

まず，証券Aと証券Bの共分散（$\sigma_{AB}$）だが，証券Aと証券Bの共分散の

**図表1-18 ▶ リスクと分散効果**

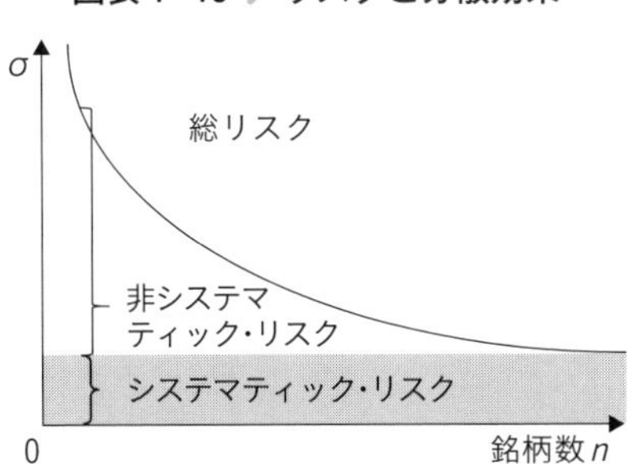

**図表1-19 ▶ 証券Aと証券Bの共分散（$\sigma_{AB}$）を求めよう**

| | 生起確率 $P(Sn)$ | 証券A リターン | 証券B リターン | (A) 証券A偏差 | (B) 証券B偏差 | 偏差の積 | $P(Si)$ ×(A)×(B) |
|---|---|---|---|---|---|---|---|
| 事象 $Sn$ 好景気 $S_1$ | 30% | 20% | 0% | | | | |
| 事象 $Sn$ 普通 $S_2$ | 30% | 10% | 0% | | | | |
| 事象 $Sn$ 不景気 $S_3$ | 40% | 0% | 10% | | | | |
| 期待リターン $E(R_A)$, $E(R_B)$ | | 9% | 4% | | | 共分散 $\sigma_{AB}$ | |
| | | | | | | 相関係数 $\rho_{AB}$ | |

求め方は，証券Aの分散（$\sigma_A^2$）の求め方とよく似ている。証券Aの分散（$\sigma_A^2$）を求めるときには，偏差を2乗したのだけれど，共分散の場合は2つの証券だからそれぞれの偏差を掛け合わせる。そこだけが違う。つまり，

**$S_1$の場合の証券Aの偏差×証券Bの偏差（20%−9%）×（0%−4%）＝−0.0044**
**$S_2$の場合の証券Aの偏差×証券Bの偏差（10%−9%）×（0%−4%）＝−0.0004**
**$S_3$の場合の証券Aの偏差×証券Bの偏差（0%−9%）×（10%−4%）＝−0.0054**

次に上記のそれぞれの値に$Sn$の生起確率を掛け，加重平均値を求める。

**$S_1$の場合生起確率×二証券の偏差の積　30%×（−0.0044）＝−0.00132**
**$S_2$の場合生起確率×二証券の偏差の積　30%×（−0.0004）＝−0.00012**
**＋$S_3$の場合生起確率×二証券の偏差の積　40%×（−0.0054）＝−0.0054**

---

**−0.00360**

証券Aと証券Bの共分散（$\sigma_{AB}$）は−0.00360。**図表1-20**はこの値を求める過程を示している。ここで重要なのは，この値が正の値か，負の値かということ。$\sigma_{AB}$は−0.00360と負の値なのだけれど，負の値であればこの2証券はとり

図表1-20 ▶ 証券Aと証券Bの共分散（$\sigma_{AB}$）

| | | 生起確率 $P(Sn)$ | 証券A リターン | 証券B リターン | (A) 証券A偏差 | (B) 証券B偏差 | 偏差の積 | $P(Si)$ ×(A)×(B) |
|---|---|---|---|---|---|---|---|---|
| 事象 $Sn$ | 好景気 $S_1$ | 30% | 20% | 0% | 11% | −4% | −0.0044 | −0.00132 |
| | 普通 $S_2$ | 30% | 10% | 0% | 1% | −4% | −0.0004 | −0.00012 |
| | 不景気 $S_3$ | 40% | 0% | 10% | −9% | 6% | −0.0054 | −0.00216 |
| 期待リターン $E(R_A)$, $E(R_B)$ | | | 9% | 4% | | | 共分散 $\sigma_{AB}$ | −0.00360 |
| | | | | | | | 相関係数 $\rho_{AB}$ | |

あえず逆の方向に動くと考えればいい。正の値であれば同じ方向。問題はどの程度逆に動くかということなのだけれど，それはこの共分散だけではわからない。

どの程度，違う性質の証券の組み合わせであるのかを知るには，相関係数を求めればいい。共分散を「正規化」させて，相関係数（$\rho_{AB}$）を求めるのだけれど，ここでは結論だけを書くと数式は以下のようになる。

$$\rho_{AB}=\frac{\sigma_{AB}}{\sigma_A \times \sigma_B} \quad ①$$

つまり，相関係数（$\rho_{AB}$）は，共分散（$\sigma_{AB}$）を標準偏差（$\sigma_A$）と（$\sigma_B$）で割ったものということになる。証券Aの標準偏差（$\sigma_A$）は0.08307。前述したように証券Bの標準偏差（$\sigma_B$）は0.04900。

なお，共分散を正規化させた相関係数（$\rho_{AB}$）は下記の範囲の値をとる。

$$-1 \leq \rho_{AB} \leq +1 \quad ②$$

最大の＋1のとき，証券Aと証券Bは完全に正の相関となっていて，まさにぴったり同じ方向に動く双子の証券みたいなもの。逆に－1であると2証券

**図表 1-21 ▶ 証券 A と証券 B の相関係数（$\rho_{AB}$）**

| | | 生起確率 $P(Sn)$ | 証券 A リターン | 証券 B リターン | (A) 証券 A 偏差 | (B) 証券 B 偏差 | 偏差の積 | $P(Si)$ ×(A)×(B) |
|---|---|---|---|---|---|---|---|---|
| 事象 $Sn$ | 好景気 $S_1$ | 30% | 20% | 0% | 11% | −4% | −0.0044 | −0.00132 |
| | 普通 $S_2$ | 30% | 10% | 0% | 1% | −4% | −0.0004 | −0.00012 |
| | 不景気 $S_3$ | 40% | 0% | 10% | −9% | 6% | −0.0054 | −0.00216 |
| 期待リターン $E(R_A)$, $E(R_B)$ | | | 9% | 4% | | | 共分散 $\sigma_{AB}$ | −0.00360 |
| | | | | | | | 相関係数 $\rho_{AB}$ | −0.88465 |

はまったく逆の動きをすると考えればいい。計算式に数値を代入して求めると，相関係数 $\rho_{AB}$ は，

$$\rho_{AB} = \frac{\sigma_{AB}}{\sigma_A \times \sigma_B} = \frac{-0.00360}{0.08307 \times 0.04900} = -0.88465$$

②の関係式から，−0.88465は下限の−1に近い。つまり，非常に逆の方向に動く2証券の組み合わせであり，分散効果の働くポートフォリオであるといる。**図表1-21**は相関係数を求めるまでの過程を示している。

## 3-5 》二証券ポートフォリオの期待リターンとリスク

証券Aと証券Bの二証券で構成されるポートフォリオの期待リターン（$E(r_p)$）は序章第4節で説明した加重平均値を使ってすぐに計算できる。証券Aを60%の割合（$W_A$），証券Bを40%の割合（$W_B$）で保有したポートフォリオの場合は，ポートフォリオの期待リターン（$E(r_p)$）は下記の式によって求められる。

$$E(r_p) = W_A \times E(r_A) + W_B \times E(r_B) = 60\% \times 9\% + 40\% \times 4\% = 7\%$$

ということで，このポートフォリオの期待リターン（$E(r_p)$）は７％ということになる。

さて，問題はポートフォリオのリスクだ。これは単純に加重平均を求めるだけではダメ。なぜなら，「分散効果」が働くから。負の相関関係にある２証券なら分散効果が働いて明らかにリスクを低下させる働きがあるのだけれど，加重平均を単純に求めるだけでは「分散効果」を考慮しないことになってしまう。

ポートフォリオＰ（証券Ａを60%，証券Ｂを40%の比率で構成されたポートフォリオ）の分散（$\sigma_p^2$）は下記の式で表される。なぜこのようになるかについては，第３章第１節で簡単に説明する。今はまず覚えておこう。

$$\sigma_p{}^2 = W_A{}^2 \times \sigma_A{}^2 + W_B{}^2 \times \sigma_B{}^2 + 2 \times W_A \times W_B \times \sigma_{AB} \quad ③$$

③に数値を代入していくと，

$$\sigma_p{}^2 = (60\%)^2 \times 0.00690 + (40\%)^2 \times 0.00240 + 2 \times 60\% \times 40\% \times (-0.00360)$$
$$= 0.00114$$

また，③に①の関係式を代入すると下記のようになる。

$$\sigma_p{}^2 = W_A{}^2 \times \sigma_A{}^2 + W_B{}^2 \times \sigma_B{}^2 + 2 \times W_A \times W_B \times \sigma_A \times \sigma_B \times \rho_{AB} \quad ④$$

同様に④に数値を代入して求めると，

$$\sigma_p{}^2 = (60\%)^2 \times 0.00690 + (40\%)^2 \times 0.00240 + 2 \times 60\% \times 40\% \times 0.08307 \times 0.0490$$
$$\times (-0.88465) = 0.00114$$

ポートフォリオの分散（$\sigma_p{}^2$）は0.00114となった。証券Ａと証券Ｂの分散の加重平均を計算してみたら，次のようになる。

$$60\% \times 0.00690 + 40\% \times 0.00240 = 0.00510$$

両者は大きく離れていることがわかる。正しい分散の値は分散の加重平均値よりも随分小さくなっている。③ならびに④の式で重要なのは右辺の第3項である。③の右辺第3項では証券Aと証券Bの共分散（$\sigma_{AB}$），④の同項では両証券の相関係数（$\rho_{AB}$）がそれぞれ使われている。それぞれ計算した通り，－0.00360，－0.88465。いずれも負の数だ。これらが負の数になるということは，③でも④でも右辺第3項は必ず負の数になるはずである。$2 \times W_A \times W_B$，あるいは$2 \times W_A \times W_B \times \sigma_A \times \sigma_B$は常に正の数なので，それに負の値の共分散（$\sigma_{AB}$）や相関係数（$\rho_{AB}$）を掛けると，右辺第3項は常に負の数になるからだ。

一方，③でも④でも右辺第1項と第2項の和は正の数であって，そこに足される右辺第3項が負の数になるということは，左辺のポートフォリオの分散（$\sigma_p^2$）は，第3項によって値が小さくなるということである。これが「分散効果」である。共分散や相関係数が負の数になるような組み合わせの2証券ポートフォリオは，「分散効果」が働いていて，リスクが抑えられることがわかる。

ここでは2証券だけを数式として示したけれども，証券数を増やしていくと，ポートフォリオ全体のリスク（分散）を示す式は項の数が増えていき，複雑になっていく。ちなみに3つの証券の場合（証券Cを加えた場合），ポートフォリオ全体の分散は下記のようになる。

$$\sigma_p^2 = W_A^2 \times \sigma_A^2 + W_B^2 \times \sigma_B^2 + W_C^2 \times \sigma_C^2 + 2 \times W_A \times W_B \times \sigma_{AB} + 2 \times W_A \times W_C \times \sigma_{AC} + 2 \times W_B \times W_C \times \sigma_{BC} \quad ⑤$$

さらに「分散効果」が働いてポートフォリオ全体のリスクは低下していく。ただそれにも限界はあって，ポートフォリオの証券数を増やして続けていっても，いずれ，それ以上はリスクを低減できない限界にいずれ達することになる。この点については，また第3章で詳しく述べる。

## 3-6 リスクに対する態度

最後にリスクに対する3種類の態度をまとめてみよう。リスクに対する態度（そういう態度の人）については以下の3種類がある。

①リスク回避的：Risk Avert（リスク回避者：Risk Averter）

②リスク中立的：Risk Neutral（リスク中立者：Risk Neutral）

③リスク愛好的：Risk Loving（リスク愛好者：Risk Lover）

例えば**図表1-22**のような期待リターンとリスクの座標をとる金融商品があるとする。横軸はリスク（$\sigma$），縦軸は期待リターン（$E(r)$）を示している（右上にいけばいくほど，ハイ・リスク・ハイ・リターン，左下にいけばいくほど，ロー・リスク・ロー・リターン）。4つの座標のうち，最もリスクが高いのはD（最も低いのはA）で，最も期待リターンが高いのはB（A，C，Dは同じ期待リターンの値でBより低い値）である。

まず**図表1-23**に示すように，リスク回避者がこれらの金融資産のうちどれを選択するかを考えるために，「効用無差別曲線（Utility Indifference Curves）」という補助線を引いてみる。

「効用無差別曲線」の，「効用」とはこの場合，投資家の満足度のことを示している。一本の曲線は同じ満足度を表しており，リスク回避者にとっては，左上の曲線ほど満足度が高い曲線である。つまりこのリスク回避者にとっては，AとBが最も満足度が高い金融商品であり，次にC，そして最後にDとなる。

**図表1-22 ▶ 4つの証券，どれを選ぶ？**

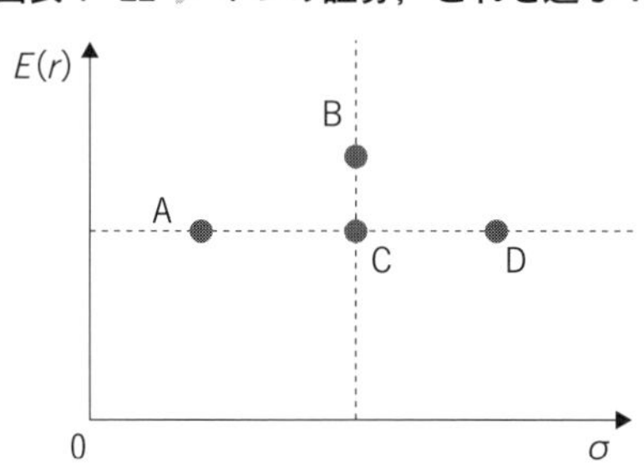

図表1-23 リスク回避者の選好

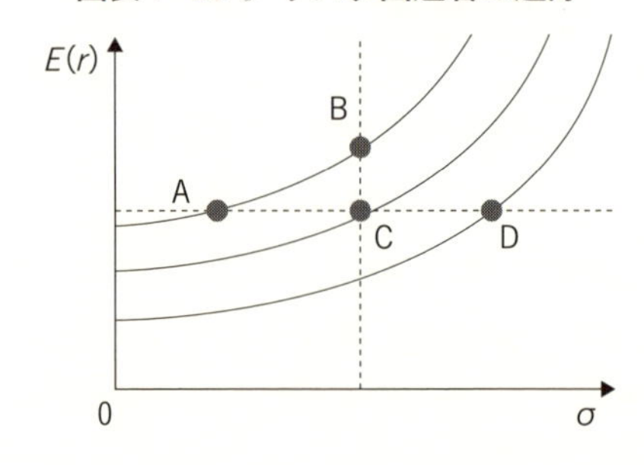


同じ曲線上の点なら無差別な態度をとるという意味で，この曲線を「無差別効用曲線」と呼んでいる。

リスク回避者の中にも，よりリスク回避的な人と，それほどリスク回避的でない人がいる。前者はAとBとの選択においてリスクの小さいAを選ぶだろうし，後者は期待リターンの高いBを選ぶだろう。リスク回避者は同じ期待リターンなら最もリスクの低い金融商品を選び，リスクをとるならより高い期待リターンの金融商品を選ぶ。ただし，リスク回避度合いは人により異なる。リスク回避度が高いリスク回避者の無差別効用曲線は，より大きく歪曲する。

リスクを抑えて高い期待リターンを求めるというリスク回避者の投資態度は，基本的に合理的なものであるといえる。もちろんその回避度が行き過ぎたものだと，合理的とはいない場合もあると考えられる。第3章第1節で述べるモダン・ポートフォリオ理論やCAPMでは，すべての投資家がこのリスク回避的な投資家であることを前提としている。

次にリスク中立者が同じ満足度を感じるリスク（$\sigma$）と期待リターン（$E(r)$）の組み合わせを示す効用無差別曲線は，**図表1-24**が示す通りである。リスク回避者の右上がりの曲線と違い，リスク中立者の効用無差別曲線は横軸との平行線となる。

リスク中立者は，リスクに対して無関心（Indifferent）である。4つの点のうち，最も期待リターンの高いBに最も高い満足度を感じるが，A，C，Dについては，どれも同じである。A，C，Dのリスクはそれぞれ異なるが，期待

図表１-24 ▶ リスク中立者の選好

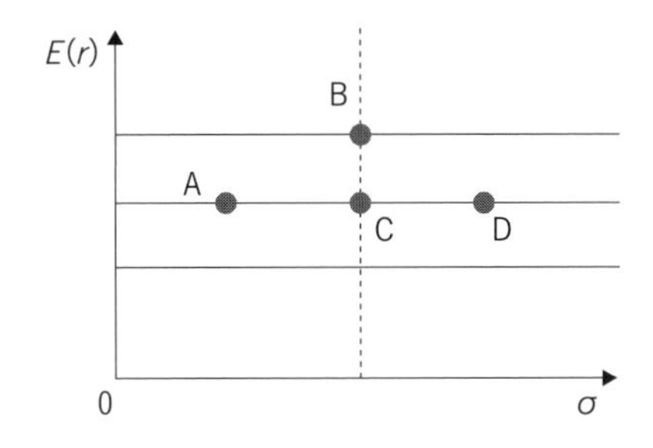


リターンについては皆同じである。世の中の人がすべて②リスク中立者であるとするなら，金利や期待リターンはすべて同じになる。なぜならリスク・プレミアム（第１章第１節「現在価値」で既述。第２章第１節「金利の期間構造」でも後述）を求めないからだ。リスク回避者とは異なり，合理的ではない投資態度であるといえる。そういったリスク中立的世界を前提として，デリバティブなどの理論価格を求めることもある。

最後にリスク愛好者が同じ満足度を感じるリスク（$\sigma$）と期待リターン（$E(r)$）の組み合わせを示す効用無差別曲線は，**図表１-25**が示す通りである。リスク愛好者の効用無差別曲線は，右下向きの曲線になっている。

リスク愛好者は，ＢとＤの満足度が最も高い。次にＣ，そしてＡとなっているが，これはリスク愛好者が金融商品の選好においてリスクの高さを求めているからである。ＢとＤは同じ満足度だが，ＢはＤに比べてリスクは低いも

図表１-25 ▶ リスク愛好者の選好

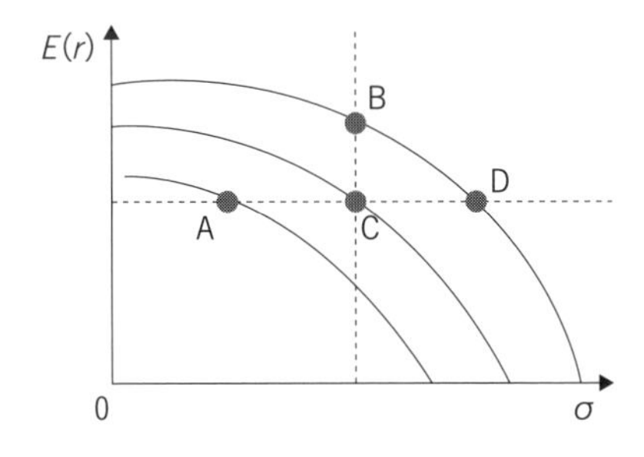

のの，期待リターンは高い。リスクを求めることが自己目的化しているという点は当然非合理的な態度であるといえるが，行動経済学や行動ファイナンスではこうした非合理性が心理学の観点で分析されている。

# 第2章

# 金融市場と金融商品

## Points

基礎知識と大事な概念を身につけたら，次はそれらを応用して，金融商品や金融市場に関する具体的な内容を学ぶ。「債券」，「株式」，「デリバティブ」，いずれもファイナンスを学ぶ上で重要な金融商品だ。

# 1 金利の期間構造

## 1-1 金利と期間

第１章第１節では，現在価値を説明するにあたって，金利が「お金のレンタル料」であるとした。ではこのレンタル期間と料金についてはどういう関係にあるのだろうか。

金利は一般的に年率で表される。金利は複利方式が一般的であり，利息（利子）は，元本とすでに発生した利息（利子）に対してかかるのが通常だ。だから毎年一定額の運用資産（借入金）が増えていくのではなく，高金利下においては，元本は雪だるま式に増えていく。世の中の預金，保険，年金といった金融商品による資産運用の際にも，あるいは住宅ローンやキャッシュ・ローンといった借金の計算も，多くはこの複利が現実に適用されているわけだから，あくまで当初の元本のみに金利を付加する単利計算ではなく，複利計算で考えるようにしておこう。

金利が３％というのは，元本が100万円だとしたら，１年後は100万円×３％＝３万円の金利が付されるということだ。さらに１年間続けて資産運用すると，２年目は元本にその金利を加算した103万円に３％の金利が付される。

将来価値の計算式だと，103万円(１＋３％)＝103万900円。ここまでは第１章第１節のおさらい。

金利を考えるにあたって大事なのは，資金運用する期間があるということ。金利は一般的に１年当たりの年率で表示されるけれど，期間については，期間がぴったり１年間であるとは限らない。まず大きくその期間の金利を分類すると，１年以内の期間の金利のことを短期金利，１年超の期間の金利のことを長期金利と呼んでいる。会計の世界でもワン・イヤー・ルールというのがあって，資産や負債の支払期限が１年以内である場合は，流動資産（負債），１年超である場合は固定資産（負債）に区分する。１年以内に支払期限がやってくる借

ワン・イヤー・ルール：短期と長期の区分は1年

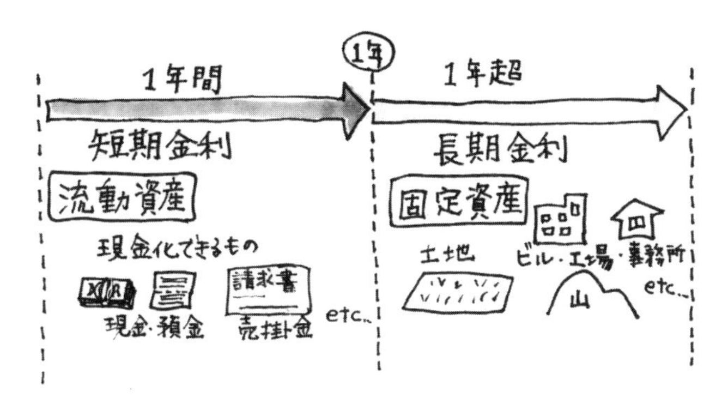


入金は短期借入金で，支払期限まで1年超の時間が残っている借入金は長期借入金とされる。

金利には変動型と固定型がある。市場の金利に連動して動くのが変動金利(一般的に年に2回金利を見直して実勢に合わせる)，契約時に決めた金利が期間中まったく変わらないのが固定金利。銀行の預金や貸出金にも変動型と固定型がある。住宅ローンは契約時25年や35年といった長期の借入なのだけれど，実際に完済までの期間は平均で14年程度といわれている。それは繰り上げ返済によって，当初の期限よりも早く完済することができるから。それでも平均14年程度だって，長い期間であることは違いない。期間があまりに長いものだから，ローンの金利を固定金利か，変動金利かのどちらを選ぶかでローンの負担総額が全然違ってくる可能性がある。

例えば金利が上昇し続けている場合に，変動金利でローンを組んでいると，住宅ローンの金利は市場の実勢に応じて高くなっていってしまう。固定ローンを組んでいるなら期間中金利が変更されないから，契約時の低い金利のままでいい。逆に金利が低下し続けている場合に，変動金利でローンを組んでいると，住宅ローンの金利は市場の実勢に応じて低くなっていく。固定ローンを組んでいるなら，以前契約した時点の高い金利を期間中変わらず支払い続けることになる。

この住宅ローンの例から考えられるのは，長期金利を使って１年以上の長い期間を固定金利で借り入れる方法がある一方で，借入を１年ごとに区切って，毎年借り換えを行うことによって，借入をつないでいく方法があるということ（住宅ローンは一般的に半年ごとの見直しだが，ここではわかりやすいように１年ごととする）。

## 1-2 スポット・レートとフォワード・レート

もっと単純化して考えてみよう。例えば，**図表2-1**に示すように，ある日の２年物の金利（長期金利）が２％，１年物の金利（短期金利）が１％であるとする。

この場合，２通りのお金の借方が考えられる。１つは最初に２年間の期限で契約するということ。その場合，借入の金利は２年の間ずっと年率２％のままに固定される。もう１つは１年目で借り換えを行うということ。最初の１年間の金利は１％。１年後にまた１年物の借り入れを行う。１年後の借入金利は現時点ではいくらになるのかはまだわからない。

借り換えを選ぶ場合，１年目は１％という相対的に低い金利で借り入れることができたけれど，２年目はどうなるかわからない。だけど，このことだけはいえる，２年物の長期金利が２％と，１年物の短期金利の１％を上回っているということは，１年後の１年物の短期金利（白い矢印の部分）は，少なくとも１％よりも高くなっているはずだということ。つまり，２年物の長期金利が１

**図表2-1 長期借入と借り換え**

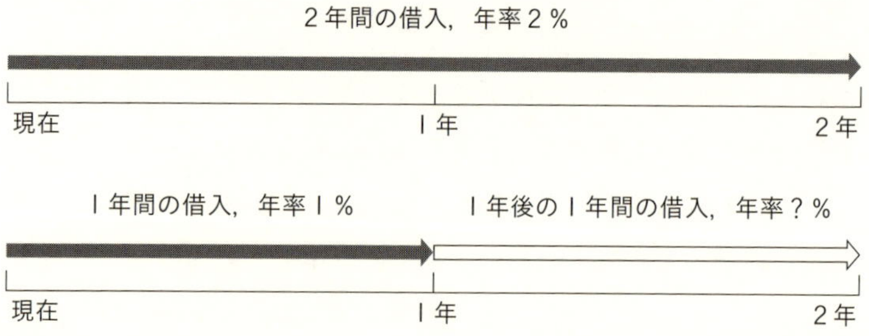

２年間の借入，年率２％

現在　　1年　　2年

1年間の借入，年率1％　　1年後の1年間の借入，年率？％

現在　　1年　　2年

年物の短期金利より高くなっているということは，金利が上昇局面にあって，来年の短期金利は高くなると予想されているということを示している。これは2年物の長期金利が，今後予想される金利の上昇を金利に織り込んでいるからだと考えられる。来年になったら金利が上がると予想されるから（白い矢印の部分の予想金利＞1年物の短期金利），その予想が長期金利を押し上げているということである。

この白い矢印の部分は，1年後から始まる将来1年物の予想短期金利であるわけだけれど，この金利のことを，「フォワード・レート（Forward Rate）」と呼ぶ。サッカーだと攻撃的な位置のトップ・ポジション，ラグビーでは前方でスクラムを組むポジションのことを「フォワード」というように，「フォワード」には「前衛」という意味がある。ここでは形容詞だから「将来に向けての」という意味になる。まさに予想される金利だから，フォワードという言葉がしっくりくる。一方でこれまで説明してきた，複利での長期金利や短期金利（青い矢印）は「スポット・レート（Spot Rate）」と呼ぶ。

未知のフォワード・レートには理論値がある。理論値は計算して求めることができるのだけれど，この例では簡単な計算で求めることができる。フォワード・レートの理論値は「インプライド・フォワード・レート（Implied Forward Rate）」と呼ばれる。“Imply” は「示唆する」という意味だから，この例の場合，2つのスポット・レート（2年物と1年物）から示されているということ。

理論値の求め方は，第1章第2節で説明した，「無裁定価格理論」に従う。思い出してみよう。効率的な市場では，市場価格（ここでは市場金利）は，価格差（金利差）を利用して売買して利ざやを稼ぐ取引ができないように決まっている。

例えば同じ製品が異なる場所で，異なる価格で販売されていたら，安い場所に行って割安の同製品を買い，高く売っている場所に行って割高価格で販売すれば，利益を抜くことができるようになる。これを裁定取引というわけだが，そういう裁定取引の機会は長く続かない。割安の場所でたくさんの人たちがその製品を購入するので，その価格は高くなっていく一方，割高の場所ではたくさんの人たちがその製品を販売するので，その価格は安くなっていく。結局，いずれの土地でも，同じ価格に落ち着いていく。２年間の資金借入が必要なこのケースでは，次の２通りの資金調達方法がある。

①２年間，長期金利２％で借りる。
②まず１年間短期金利１％で借りてみて，１年後にまた１年間の短期金利（？％）で借りる。

「無裁定取引理論」は，このいずれの方法を用いても，２年間の借入金利のコストは同じ値になるはずだということを示している。もし一方の借入金利のほうが低くなるとすると，みんな金利の低いほうを選ぶことになって，裁定取引ができるようになってしまう。なぜなら安い金利で資金を調達して，その資金を高い金利で貸せば裁定取引による利益が得られる。多くの人が低い金利の借入ローンを選ぶと，需要と供給の関係から，借入需要が高くなった低い金利は，すぐに高くなってしまう。だから，２年間を通じて①でも②でもどちらも同じ金利負担となるように，フォワード・レートが決まる。その場合のフォワード・レートの理論値がインプライド・フォワード・レートである。

これを数式で表してみよう。まず，調達するお金を１とする。借入総額がいくらになるのかを計算すればいいから，計算式は１の将来価値を計算することになる。フォワード・レートについては，ここでは$f_{1,1}$と表すことにする。今から１年後の１年間の金利という意味。

① $1\times(1+2\%)\times(1+2\%)=(1+2\%)^2$
② $1\times(1+1\%)\times(1+f_{1,1})=(1+1\%)\times(1+f_{1,1})$

①（２年間の借入）と，②（１年ごとの借り換え）のどちらでも，同じ金利負担になるように，インプライド・フォワード・レートは決まることになる。

したがって，①＝②から，

$$(1+2\%)^2=(1+1\%)\times(1+f_{1,1})$$

この方程式を解いて，$f_{1,1}$を求めるには，左辺と右辺を逆にして，両辺を１＋１％で割る。

$$\begin{aligned}(1+1\%)\times(1+f_{1,1})&=(1+2\%)^2\\(1+f_{1,1})&=(1+2\%)^2\div(1+1\%)\\(1+f_{1,1})&=1.02^2\div1.01\fallingdotseq1.03\\f_{1,1}&\fallingdotseq0.03=3\%\end{aligned}$$

ということで，$f_{1,1}$はおおよそ３％であることが求められる。つまり，来年の１年物の短期金利が（１％から３％に）２％も上昇するという期待が市場にあるということがわかる。その期待を反映して２年物の長期金利は２％になっている。この関係を図に描くと**図表２－２**の通り。

**図表２－２ ▶スポット・レートとフォワード・レートの関係**

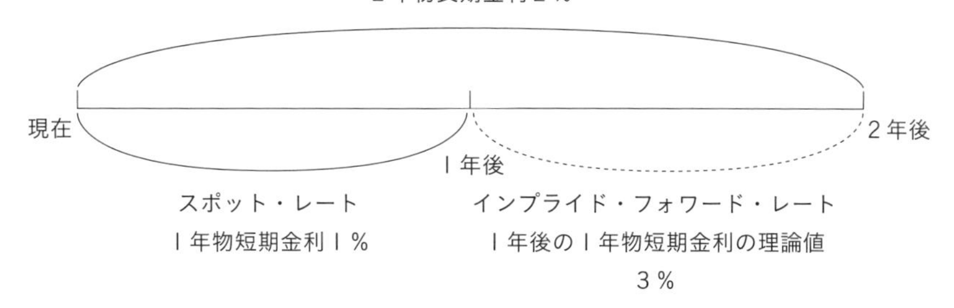

## 1-3 イールド・カーブ

前節1-2の例の場合，金利が将来的に上昇するだろうという予想（フォワード・レートに反映される）を織り込んで，２年物の長期金利は１年物の長期金利より高くなっている。

このケースのように，長期金利が短期金利よりも高くなることのほうが一般的で，その状態を「順イールド」という。逆に長期金利が短期金利よりも低い状態のことを「逆イールド」という。これらの状態を示すと**図表2-3**のようになる。イールド（Yield）という英単語には，「生産する」とか，「譲る」とかいろいろな意味があるけれど，ここでは名詞の「利回り」という意味。満期までの期間を横軸，利回りを縦軸にとり，期間に対応した金利の点を結んでグラフ化したものを，「イールド・カーブ」と呼んでいる。イールド・カーブは，順イールドのときに右上がりとなり，逆イールドのときは右下がりとなる。

一般的に短期金利は金融政策の影響を受ける。金融緩和を行うと，短期金利が低下していき，金融引締を行うと，短期金利は上昇する。日本の政策金利は「無担保コール・レート翌日物」という，銀行同士が１日の間貸し借りをする短期金利なのだけれど，現在，量的・質的金融緩和政策という非伝統的な金融政策がとられ続けている中で，この市場金利には誘導目標は設定されていない。

一方，長期金利も政策金利の影響を受けるけれど，景気の動向（市場の期待

**図表2-3 ▶イールド・カーブの形状**

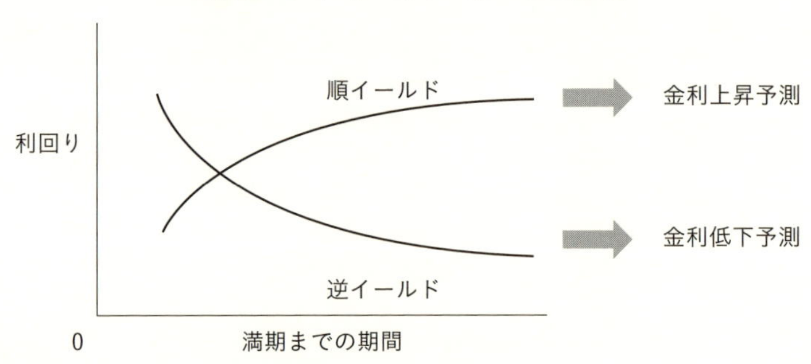

インフレ率，期待成長率），リスク・プレミアム，国債の需給状況などによっても決まる。代表的な長期金利は10年物の国債発行時の利回りだ。

短期金利にいろいろな要因が働いて，長期金利が短期金利よりも高くなるのが順イールドとして一般的な状態であるわけだけれど，代表的な要因をあげて数式で示すと下記のようになる。

**長期金利＝短期金利＋①期待インフレ率**
**＋②期待経済成長率**
**＋③リスク・プレミアム**

この数式において，①の期待インフレ率は，インフレ予想によって長期金利超金利は上昇することを示している。②の期待経済成長率も同様で経済成長が高まると，資金需要が高まる見通しとなることから金利は上昇するということを示している。③のリスク・プレミアムは第１章の第１節や第３節で述べたように，リスクの高い金融資産に投資する場合に付加される部分のことで，リスクの代償として長期金利が高くなっていることがわかる。

逆イールドになるのは，中央銀行が景気の過熱によるインフレを抑止するために，急激に金融引き締めを行う場合が考えられる。その場合，短期金利が先に急上昇してしまい，長期金利がその上昇に追いつかない。だけど，これは一時的，過渡的な現象であると考えられる。

## 1-4 金利の期間構造と３つの仮説

イールド・カーブは金利の期間構造をみるのに便利なグラフであるといえる。最近ではBloomberg，investing.comなどの投資情報を扱うサイトなどで，その形状をみることができる。

では，この金利の期間構造の形成要因はどういうものがあるのか。1-3では，長期金利に影響を及ぼす要因をあげたけれど，それらと対応した仮説でもある。

まず，最初に挙げられるのが「純粋期待仮説（Pure Expectation Hypothesis)」。これは上述したインプライド・フォワード・レート（フォワード・レートの理論値）の根拠になっている仮説だ。つまり，長期金利は将来の金利の期待値，つまりフォワード・レートで決定されるということ。フォワード・レートが高くなると，長期金利は必然的に高くなる。金利の期待値（フォワード・レート）は経済の状況（インフレ率や経済成長率の予想）に左右される。

1－2での数値例からすると，1年物の短期金利が1％である場合，フォワード・レートが3％と金利の上昇が予想されているなら，長期金利はその上昇を反映して2％になる。この理論は簡単だけれども重要だから，きちんと理解してほしい。

次に「流動性プレミアム仮説（Liquidity Premium Hypothesis)」。これは，資金の運用期間が長くなるほど，将来に金利が変動して損失を被る可能性は，高くなるから，長期金利にはリスク・プレミアムが上乗せされて，その分，短期金利よりも高くなるという仮説だ。長期金利は，将来に対する不確実性が大きくて，短期金利と比べて流動性がない（すぐに換金できない）ということ。

そして，最後は「市場分断仮説（Segmented Market Hypothesis)」。短期金利と長期金利は，別々の市場で，各期間の金利に対する資金需給により決定されるという仮説。市場が分断されているという仮説は，短期金利と長期金利が異なる市場になっていて，両市場の間での裁定取引はないという観点から立てられている。確かに同じ保険会社でも生命保険会社は長期の資金運用，損害保険会社は短期の資金運用を中心としているなど，機関投資家でもある程度市場の棲み分けがみられるのは確かだけれども，完全に分断されているわけではないから，やや一般性に欠ける仮説かもしれない。

**確認問題**

3年物の長期金利が3.9%，4年物の長期金利が4.2%のとき，今から3年後の1年物のフォワード・レートはいくらになるだろうか。

**解　答**

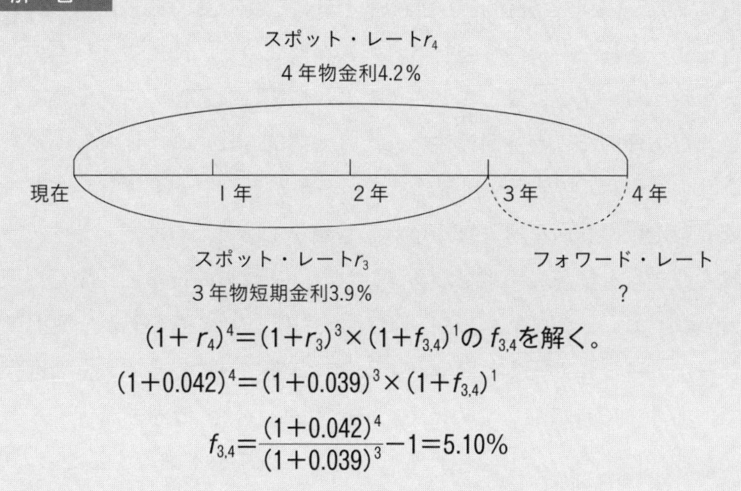


$(1+r_4)^4=(1+r_3)^3\times(1+f_{3,4})^1$ の $f_{3,4}$ を解く。

$$(1+0.042)^4=(1+0.039)^3\times(1+f_{3,4})^1$$

$$f_{3,4}=\frac{(1+0.042)^4}{(1+0.039)^3}-1=5.10\%$$

# 2 債券と株式の違い

## 2-1 有価証券って何？

債券と株式はいずれも代表的な有価証券。両者はいずれもそれ自体に財産的な価値があるから，「価値のある」の証券ということ。また，有価証券は，本来，権利が人から人の手にわたることを円滑にするために用いられるようになったものだから，他人への譲渡が可能になっている。

有価証券には手形，小切手などの貨幣証券，運送証券，倉荷証券などの物財証券，資本証券といった大きな区分もある。債券も株式も資本証券に分類され，一般的に有価証券というと，この「資本証券」を指していることが多い。

かつては債券も株式も紙に印刷された証券だったけれど，今や有価証券のほとんどがペーパーレス化されている。2003年1月に国債，2003年3月に短期社債，2006年1月に社債・地方債などの一般債券，2007年1月に投資信託，2008年1月にETF（上場投資信託），2009年1月に上場会社の株券がペーパーレス化（電子化）された。かつて発行された残存期間の長い国債や，一部の非上場株式等を除いて，現在はほとんどがデジタル情報に置き換えられている。紙に印刷された物理的な紙の券面は盗まれたり，偽造されたり，保有者が紛失してしまうリスクも高く，発行や保管にも費用がかかる。ITが発達したことによって，そうした紙の券面を取り扱う煩わしさがなくなったわけだ。

債券も株式も有価証券の市場があるけれど，それらの市場は「発行市場」と「流通市場」に区分される。この区分は，取引所ごとに違うとか，取引所でも別の部屋が設けられているといったような，実際に目に見えるような区分ではなくて，あくまで目に見えない区分。「発行市場」は，債券を発行する経済主体（発行体）によって新しく発行された債券を投資家が購入するための市場。一方，「流通市場」はすでに発行された債券（既発債）が市場で売買されて流通するための市場。「発行市場」が新品の販売のための市場で，「流通市場」は中古品の販売のための市場だと考えてもいい。

## 2-2 債券って何？

債券はおおまかにいうと，社会的に信用のある経済主体が発行する借用証書だ。銀行などからの借入金も，借入金に対して利息を払って，最後に元本（実際に借り入れた金額）を返済する。債券も発行体は，「クーポン」という利息にあたるものを払って，期限には元本を「償還」する。利息ではなく「クーポン」，返済ではなく「償還」だから言葉を間違えないように。

債券の発行は，発行体から見た場合には借金すること（債務の発生）にあたり，債券の購入者（投資家）から見た場合には資金の貸し出し（債権の発生）にあたる。債券は有価証券だから，他人への譲渡が可能で，償還期限前に現金化することができる。また，償還期限まで保有すれば券面の金額を受け取る（償還＝元本の返済）ことができる。

**図表2－4**に示すように，銀行は個人や企業などから預金を集めて，会社や国などに貸出を行っているが，このように銀行が中に入って仲介して間接的にお金を融通することを「間接金融」と呼んでいる。最終的に貸出の信用リスクは，銀行が引き受けるので，預金者はそのリスクを負わない。一方で銀行を介さずに，資金の出し手が直接お金を融通することを「直接金融」と呼んでいる。債券は市場で発行される流通する有価証券なので，資金の出し手は市場を通じて債券に直接投資をするわけだ。有価証券の売買は一般的に証券会社が仲介する。売買が成立した場合，投資家は証券会社に仲介手数料を支払う。仲介といっても債券の信用リスクを証券会社が引き受けるわけではない。ここが間接金融における銀行との役割の違いである。信用リスクは当然投資家が負う。

銀行からの借入も，債券の発行も，資金の融通を受ける国や会社（発行体）の有利子負債の残高を増やすという意味では同じであるが，銀行からの借入が間接金融であるのに対し，債券の発行は直接金融と区分されることを覚えておこう。

債券投資にあたって，クーポンを得ながら，元本が償還されるまで債券をずっと保有し続ける資金運用方法もあるけれど，市場に買い手が入れば，償還

**図表2－4 ▶ 直接金融と間接金融**

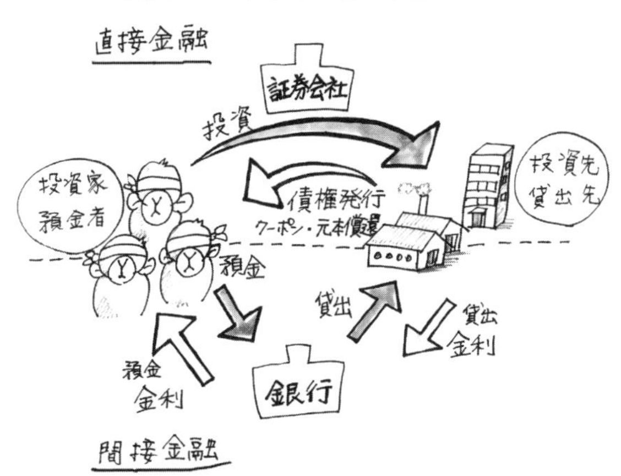

前に債券価格が値上がったところで他の投資家に売却して利益を得ることも可能である。債券の価格は金利や経済状況によって変動するのだけれど，それについては本章第３節で述べる。

銀行などの貸出は，特に地方銀行や信用金庫などの地域金融機関を中心に，中小企業向けの貸出もあるから，信用度の低い中小企業でも借入できることがあるけれども，債券は市場を通じて売買されるから，返済に不安のある経済主体は発行することが実質的にできなくなっている。

というのは，「格付機関」と呼ばれる民間企業が，支払い能力などについて，情報を集めて信用力を評価し，債券の「格付」を公表しているからだ。代表的な格付機関には，米国のムーディーズ（Moody's）やスタンダード・アンド・プアーズ（S&P），日本の格付投資情報センター（R&I）や日本格付研究所（JCR）などがある。格付は格付機関ごとに少し違いはあるけれど，**図表2-5**のように，AAA（Aaa）からC（D）という格付記号で発行体の支払い能力が表現される。日米の格付機関による格付のグレードも図表２-５に示す通り。

格付のうちBB（Ba）以下は「投機的格付」といって，支払い能力が低く，「投資適格格付」ではないとされる。日本でも1996年に社債発行の「適債基準」というBBB（Baa）以上の格付取得の義務が撤廃されて，理屈の上ではどんな格付の会社でも社債を発行することができるようになったけれど，実際には「投機的格付」だと債券の発行は難しい。投機的格付の債券は「ジャンク債」ともいわれている。ジャンク（Junk）は，「役に立たないもの」や「がらくた」って意味だから債券の発行者にとっては厳しい表現だ。

ただ，発行体全体ではなく，発行体が所有する価値の高い資産だけを切り離して，その資産を担保に「資産担保型証券（ABS）」という債券を発行して資金を調達することもある。この方法を「証券化」と呼んでいる。米国に比べて金額は小さいけれど，日本でも，住宅ローンの他，クレジットや自動車ローンなどの債権が「証券化」されている。これだと，会社の格付とは関係なしに，担保となる資産の価値で格付がなされるから，財務状態の悪い会社も，優良資

**図表 2－5 ▶ 格付機関による債券の信用格付**

| ムーディーズ | スタンダード アンド プアーズ (S&P) | 日本格付投資情報センター (R&I) | 日本格付研究所 (JCR) | 支払の確実性 |
|---|---|---|---|---|
| Aaa | AAA | AAA | AAA | 支払能力が高い |
| Aa | AA | AA | AA | ↑ |
| A | A | A | A | |
| Baa | BBB | BBB | BBB | 投資適格格付 |
| Ba | BB | BB | BB | 投機的格付 |
| B | B | B | B | |
| Caa | CCC | CCC | CCC | |
| Ca | CC | CC | CC | |
| C | C | C | C | ↓ |
| | D | | D | 支払能力が低い |

産を切り離してそれを担保に資産担保型債券を発行することで，資金調達することができる。

債券の発行体には，国，政府機関，地方公共団体，事業会社，金融機関，非居住者といったものがある。国が発行する債券は「国債」，政府機関が発行する債券は「政府機関債」，地方公共団体が発行する債券は「地方債」，事業会社が発行する債券は「社債（事業債）」。長期信用銀行など特定の金融機関が発行する債券は「金融債」と呼ばれていたけれど，現在，長期信用銀行という業態もなくなり，発行体が限られるようになった[1]。また非居住者が発行する債券は，外国人が日本で発行するなら「外債」。通貨によって円建外債（サムライ債）や外貨建外債（ショーグン債）がある。

債券は，発行体だけではなく，償還期間，残存償還期間（最終的に元本が返

1　現在は商工組合中央金庫，農林中央金庫，信金中央金庫の３組織のみ金融債の発行が可能。

**図表２－６ ▶債券の分類**

| 分類 | 種類 | 内容 |
| --- | --- | --- |
| 国債 | 超長期固定利付債 | 20年，30年，40年 |
| | 変動利付国債 | 15年 |
| | 長期固定利付債 | 10年 |
| | 物価連動債 | 10年 |
| | 中期利付国債 | ２年，５年 |
| | 国庫短期証券(T-Bill) | ２カ月，３カ月，６カ月，１年（割引債） |
| | 個人向け国債 | 変動利付10年，固定利付３年，５年 |
| 地方債 | 公募地方債 | ５年，10年，15年，20年などの固定利付債 |
| | 非公募地方債 | 縁故地方債，私募地方債 |
| 政府機関債 | 政府保証債 | 政府が元利払いを保障 |
| | 財投機関債 | 非保障，公募による発行 |
| | 非政府保証債 | 非保障，縁故・私募による銀行引受 |
| 社債 | 普通社債 | 一般社債，事業債 |
| | 新株予約権付社債 | 転換社債型，非分離型 |
| | 資産担保型社債 | Asset-Backed Security(ABS) |
| 外国債 | 居住者海外発行 | ユーロ円債 |
| | 非居住者国内発行 | 円建外債(サムライ債)，外貨建外債(ショーグン債) |

済されるまでの期間)，償還順位の優劣などの組み合わせで商品の数が，株式の商品数に比較して随分多い。さまざまな債券の種類については，また第３節で紹介する。

債券は一般的に相対（あいたい）取引で取引される。相対取引というのは，証券取引所などの市場を通さずに，売り手と買い手が当事者同士で価格や売買数量などを決めて行う取引のことで店頭取引ともいわれる。上場株式のように市場で売買注文が数多く出されて，需給関係から値段が決定していくような市場型取引は少ない。

発行体ごとに区分しても，いろいろな種類があるけれど，新たに発行される債券（新規発行額）やすでに発行されていて市場に流通していて売買されている債券（店頭売買高）は，ほとんどが，日本政府が発行する日本国債（Japanese

Government Bond)。2016年度は，債券全体の新規発行額のうち86%，債券全体の店頭売買高のうち99%が国債というほどに圧倒的に国債の比率が高い。

債券はさまざまな発行条件での膨大な種類の銘柄があって，「機関投資家」[2]中心の市場になっている。株式に比べると個人投資家にはあまりなじみのない有価証券であるといえる。だけれど，個人向け国債を保有している個人投資家もいるし，投資信託（投資家から集めたお金を1つの大きな資金としてまとめ，運用の専門家が株式や債券などで資産運用して利益を分配する金融商品）にも組み入れられているから個人ともまったく無関係ではない。



## 2-3 株式って何？

株式をおおざっぱに一言でいってしまえば，細かく分けられた株式会社の「持ち分」のこと。株式に投資した人は，その株式を発行した株式会社を，所有割合に応じて一部所有していると考えればいい。株式会社の発行する株式を購入して，株式会社の自己資本を拡充させるわけだから，株式の投資家はたとえ少数の株式しか購入していなくても，実質的に会社のオーナーの1人（＝株主）になる。だけど，資金力のある投資家が，ある会社に敵対的な買収を仕掛けて，その会社の発行済株式の購入に巨額の資金を投じて買収に成功する事例はそう頻繁にあるわけではない。

投資家が株を買う目的は，株主となって所有者としての権利を手に入れること，配当金を受け取ることで利益（インカム・ゲイン），株式を売買して売却益（キャピタル・ゲイン）を得ることにある。

株式は債券と違って，最終的に元本が償還されるまでの期限がない。株式の購入によって投資された資金が，株式会社から返金されることはないからだ。社債は「負債」に計上されるけれど，株式は返済の義務のない「資本」として扱われる。だから，株式投資は「出資」とも呼ばれる。投資家が手持ちの資金

2　生命保険会社，損害保険会社，信託銀行，普通銀行，信用金庫，年金基金，共済組合，農協，政府系金融機関など，大量の資金を使って株式や債券で運用を行う大口投資家のこと。資産運用のプロ。

**株式投資で得られる収益と特典**

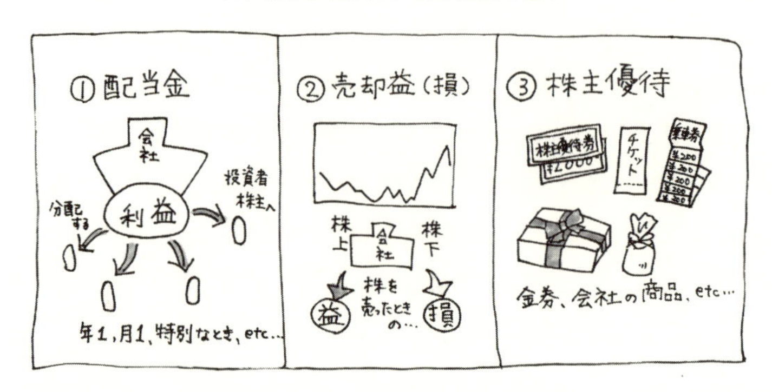


を増やしたいのなら，保有する株式を市場で売却するか，誰かに譲渡すればいい。

投資家が得られる利益にはこの「キャピタル・ゲイン」の他に，「インカム・ゲイン」，株主優待がある。「インカム・ゲイン」は投資先の企業が利益を上げて株主にそれを分配する場合，配当金として受け取ることで生まれる収益のこと。債券投資においても「インカム・ゲイン」はあるけれど，それは配当金と違って，あらかじめ契約されていたクーポンの受け取りによるもの。株主優待は，最近個人投資家の間で注目されている。一定数以上の株券を権利確定日（通常，決算期末や中間決算期末）に株主が保有していたら，株主に与えられる優待制度のこと。保有する銘柄が外食産業なら食事券や割引券，小売業なら商品券や割引券，航空会社なら搭乗優待券などがもらえる。

これらの収益が得られるとしても，一般的に株式投資のリスクは高い。特にキャピタル・ゲインに関しては株価の変動性が高いから，買ったときの価格よりも安い価格で売却せざるを得なくなって，「キャピタル・ロス（損失）」を被ってしまうこともありうる。

ただし，「キャピタル・ロス」については，「有限責任」を負っている株主の損失は限定的である。つまり，100万円をある株式に投資していたとしても，損失の最大額は100万円にとどまるということ。その会社が破綻して監理銘柄から上場廃止となり，株式が紙屑になったとした場合の損失額は最大の100万円。それ以上の損失は発生せず，会社が破綻した責任をとって賠償を払う必要はない。だから「有限責任」と呼ばれる。

債券と違って，原則的に株主には投資した資金は還ってこないことになっている。債券のような元本の償還はない。その代わり，お金がすぐに必要なら市場や相対取引で売却すればいい。それでも，売却したい価格通りに売れるとは限らないし，買い手がいなければ市場で売れないこともある。株主はお金が還ってこないリスクをとって，株式会社に出資しているわけだから，その埋め合わせとして，下記の権利が与えられている。

- 株主総会議決権
- 利益配当請求権（業績により変動）
- 残余財産請求権

株主総会議決権は株主総会での決議に参加して票を入れることができる権利のこと。単位株以上の保有株式数に応じて，有効な票の配分比率が割り当てられる。単位株とは通常の株式取引で売買される売買単位のことで，今の日本では100株単位，1,000株単位の株式会社が多い。それらの会社の場合，１株や10株だと単位未満の「端株（はかぶ)」としてカウントされないことになる。株主総会では，会社の運営や資産の使い方などの重要な事案が決められる。発行されている株式の50％以上を保有している大株主は，株主総会の議決をすべて思う方向に持っていくことができるということになる。

次に利益配当請求権は，株主の「インカム・ゲイン」となる配当をもらうことができる権利。配当金も株主の単位株以上の所有割合に応じて株主に分配される。一般的に業績が向上すれば，利益配分としての配当も増加する。投資家も業績に注目してその株式を購入するから，株価も上昇することがよくある。

最後に残余財産請求権は，企業が解散する際に，負債を返済し，なお財産が余る場合，株主は保有株式数に応じて残った財産の分配を受けることができるという権利のこと。だけど会社が破綻した際には，残余財産が残っている可能

図表2-7 ▶ 債券と株式の違い

| | 債　券 | 株　式 |
|---|---|---|
| 満　期 | 償還期限があらかじめ決まっている | 満期が決められていない<br>いつまで保有するかは株主次第 |
| 経営権 | 金銭の貸借関係のみ | 出資者として事業リスクを負担<br>**株主総会議決権** |
| 利　子 | 利付債の場合は定期的な利子（＝クーポン）の支払いがある。利子額はあらかじめ決まっている。 | 利払いはないが，配当が支払われる<br>業績の変動は配当金額に影響<br>**利益配当請求権** |
| 発行体が経営破綻 | 会社を清算する場合，株主よりも返済が優先される。全額返済されないことも。 | 会社を清算する場合，債務の返済後に残った資産は株主に分配される<br>**残余財産請求権** |

性は少なく，その際の分配は期待できない。

債券と株式の違いについて，**図表2-7**でまとめてみた。もう一度確認してきちんと覚えてほしい。

## 3 債券と債券の理論価格

### 3-1 債券のキャッシュ・フロー

前節では，代表的な有価証券である債券と株式の違いについて述べ，それぞれがどういうものなのか，基本的なことをまとめた。第3節ではその債券の理論価格について主に述べる。債券の理論価格も，次節で述べる株式の理論価格も原理的には，第1章第1節で述べた「現在価値」を使って算出すればいい。要するに将来のキャッシュ・フローを「金利」で割り引いて合計額を求める。

まず最初に，一番基本的な種類の債券のキャッシュ・フロー（お金の出入り）は**図表2-8**のようになる。お金が出て行く場合は下矢印，お金が入ってくる場合は上矢印で表示している。償還までの期限は5年としている。

債券は通常元本を100円で表示するからわかりやすい。クーポンが3％ならクーポンの利払い額は100円×３％＝３円。

これは，「固定利付債」と呼ばれる最も発行量も多い通常の債券の場合のキャッシュ・フローである。「固定利付債」の場合はクーポンが変動しないが，金利の実勢に応じて，クーポンが変動する「変動利付債」や，物価の実勢に応じて元本額が変動する「物価連動債」という債券もある。

「固定利付債」の他にもさまざまな債券があって，「割引債」というクーポンのない債券もある。**図表２-９**は割引債のキャッシュ・フローを示している。英語ではZero Coupon Bond（ゼロ・クーポン債）というから，英語のほうが表現が直接的で覚えやすいかもしれない。「割引債」と呼ばれるのは，当初の購入価格が元本の償還価格（100円）よりも通常安いから。

だけど，2016年２月に日本銀行が「マイナス金利政策」を導入した影響から，５年物の市場金利は，2018年においてもいまだにマイナスの値になってしまっている。つまり債券の割引率はマイナスになりうるわけだから，割引債は発行価格が100円より大きくなる場合もある。割引債に投資しているのに，５年後に償還されるお金が最初に支払ったお金の金額より少ないという奇妙な状態だ。

**図表２-８ ▶ 固定利付債のキャッシュ・フロー（利払い年１回）**

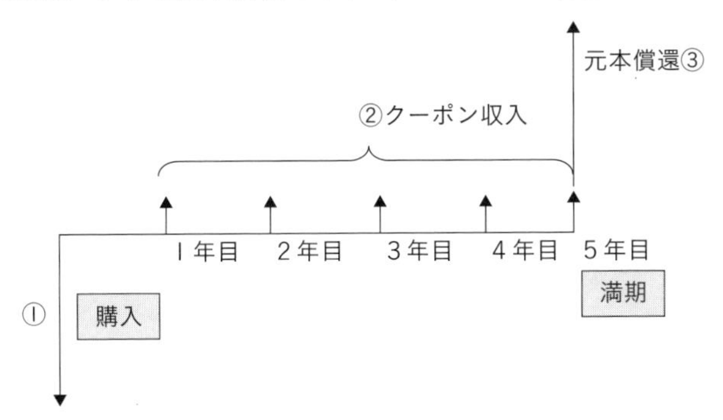


① 発行時に債券を購入する（下矢印だから，お金が出て行く）。
発行価格の求め方は後で述べる。

② 毎年クーポン（表面利率）と呼ばれる利息が入ってくる（上矢印だからお金が入ってくる）。
図では３％（年率）にしている。ここではわかりやすく年１回にしているけれど，年２回に分けて払われることが多い。

③ ５年後に満期を迎えて，元本が償還（最終的に返済）される（上矢印だからお金が入ってくる）。

図表 2-9 ▶ 割引債のキャッシュ・フロー

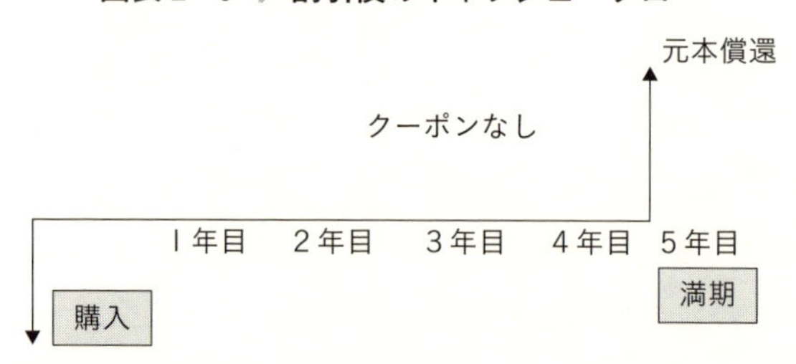


図表 2-10 ▶ 永久債（コンソル債）のキャッシュ・フロー（利払い年2回）

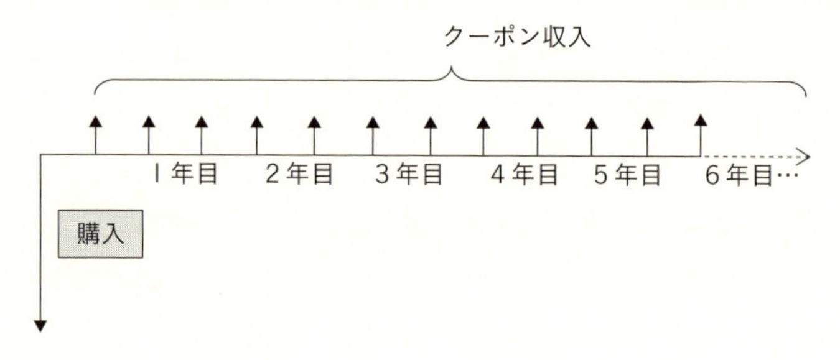


割引債ではなく，割高債と呼んだほうがいいかもしれない。とりあえず今は基本的な理論を押さえればいいから，そのことは忘れていい。

逆に償還のない債券もある。それは永久債と呼ばれる債券で，**図表2-10**でキャッシュ・フローを示している。奇妙に思うかもしれないけれど，この債券に投資しても，元本の償還は永久にない。入ってくるのはクーポンだけ（ここでは年２回の支払い）。「永久債」を保有していて，もしお金がどうしても必要なら，市場で売却するか，誰かに譲渡すればいい。

## 3-2 》債券の発行価格

では，債券を発行時に購入する場合，いくら払えばいいのだろうか。債券の価格は額面金額100円に対して何円何銭（小数点第２位まで）かという，100円を基準とした価格が表示される。現在国債の固定利付債は額面は５万円で，最低でもその額面の単位での購入が必要になる。仮に債券の価格が100円25銭（＝

100.25円）だとして，最低の売買単位である５万円の額面分を購入するなら，債券の購入額は以下の計算式で求められる。

50,000円÷100円×100.25円＝50,125円

国債は額面価格が50,000円と低くなっていて，個人にも買いやすくなっているけれど，まとまった量を取引する機関投資家の実際の売買単位は１億円と大きい。

この100円前後の値をとる，表示価格はクーポンや償還までの期間などの発行条件や，市場の実勢によって変動する。では債券価格はどのようにして計算されるのだろうか。

債券の価格は割引率で割り引いた現在価値に直して足し合わせればいい（**図表２-11**）。第１章で求めた企業プロジェクトの価値の計算と同じ。現在価値の概念がわかっていれば，誰でも簡単に計算できる。例として期間３年の固定利付債があり，クーポンは３％。割引率は３％だとする。

１年目のキャッシュ・フロー３の現在価値は，３を（１＋３％）で割って2.91。

**図表２-11 ▶ 期間３年の固定利付債（クーポン３％，割引率３％）の債券価格**

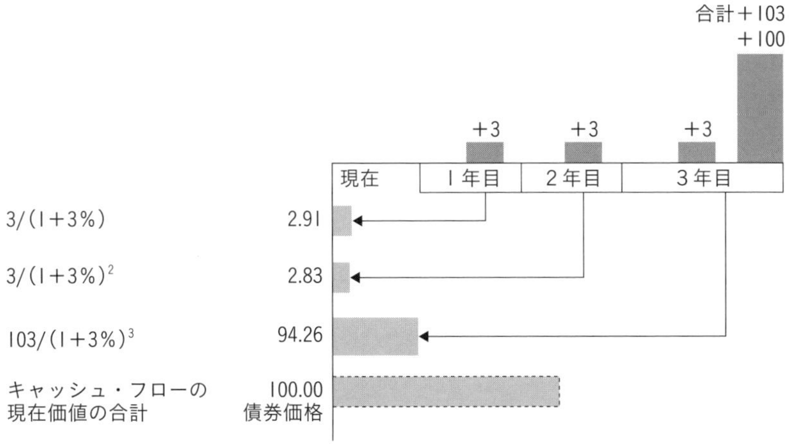

合計＋103
＋100
＋3
＋3
＋3
現在
1年目
2年目
3年目
3/(1+3%)
2.91
3/(1+3%)²
2.83
103/(1+3%)³
94.26
キャッシュ・フローの現在価値の合計
100.00
債券価格

2年目のキャッシュ・フロー3の現在価値は，3を$(1+3\%)^2$で割って2.83。

3年目のキャッシュフロー103（クーポン3と償還される元本100の合計）の現在価値は，103を$(1+3\%)^3$で割って94.26。

図表2-11で示しているように，3年間のキャッシュ・フローの現在価値を全部足したらぴったり100.00円になる。これを数式で表せば下記のようになる。電卓のメモリー・キーを使って，間違いないように計算して結果を確認してほしい。

$$
\begin{aligned}
&\frac{3}{(1+3\%)}+\frac{3}{(1+3\%)^2}+\frac{3+100}{(1+3\%)^3}\\
&=\frac{3}{1.03}+\frac{3}{(1.03)^2}+\frac{3+100}{(1.03)^3}\\
&=100.00
\end{aligned}
$$

このようにクーポンの利率と割引率が等しいときには，発行時の債券の価格は額面と同じ100円になる。債券価格は小数第2位まで表すことになっていて，この場合は100円00銭か，100.00円と表示すればいい。

この現在価値を求めるのに使った「割引率」のことを債券の「最終利回り」という。「最終利回り」は発行時に市場で決まる「利回り」である。債券の「利回り」は金融市場で変動している。金融政策の動きはもちろんのこと，為替レート，他の市場金利の変化，経済状況，あるいは政府の財政状態によっても影響を受ける。債券の利回りが変動していくということは，債券の価格も変動していくということを意味する。

クーポン額$C$（元本100円当たりの利払い額），最終利回り$r$％，償還までの期間$n$年を使って，債券の価格$P$を数式で表してみよう。クーポン年1回払いの固定利付債の価格は次の数式で表される。

$$\frac{C}{(1+r)}+\frac{C}{(1+r)^2}+\cdots+\frac{C+100}{(1+r)^n}$$

$$=\sum_{k=1}^{n-1}\frac{C}{(1+r)^k}+\frac{C+100}{(1+r)^n}$$

この数式では$n$期まで続くということだから，２期以降同じように分数の項が続くことになっている。債券の価格を計算する式でΣというギリシャ文字を使っているけれど，これはある法則で数字が並んでいる場合に，それらを合計することを示すための記号。読み方は「シグマ」。これは大文字で，小文字は「$\sigma$」と書く。第３章第１節の「モダン・ポートフォリオ理論」では小文字の「$\sigma$」がよく出てくるから，合わせて覚えておこう。

さて，上記のΣ記号では，$k$が１から$n-1$まで変化することを示している。Σはその変化に対応した数値を全部足すという意味。クーポンだけが返済される期間は１期から$n-1$期までだから，Σの下に$k=1$を，Σの上に$n-1$を記入する。例えば$n=10$だったら$n-1$の９期まではクーポンだけが入ってくる年で，「そのクーポン収入の現在価値をすべて（９期分）足そう」という意味。$n$期目は元本も還ってくるので，Σ記号からはずれている。長い式だと書き間違いをしてしまうかもしれないので，Σ記号の使い方を覚えておくと便利だ。

## 3-3 クーポン年２回払いの債券の公式

クーポンが年１回払いの債券価格の数式を示したところで，ついでに年２回払いの債券価格の公式を示しておこう。

年２回の利払いの場合，例えば$n$年は$n\times2$回，キャッシュ・フローが発生することになる（**図表2-12**）。クーポンの利率は年率で表されているので，年２回であればその半分の値を用いる。また最終利回りも同様でクーポンが支払われる間の期間が半年になるので，最終利回りも半分の値を用いればいい。

債権価格を求める方法を示すと，**図表2-13**のようになる。この図は３年物

図表２-12 ▶ 期間３年の固定利付債のキャッシュフロー（利払い年２回）

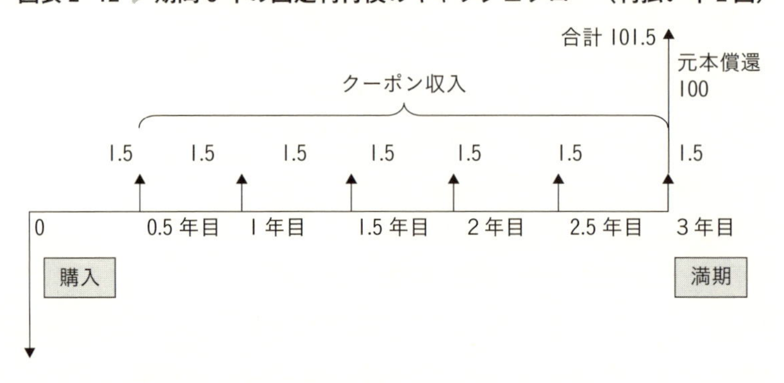


図表２-13 ▶ 期間３年の固定利付債（利払い年２回，クーポン３％，最終利回り３％）の債券価格

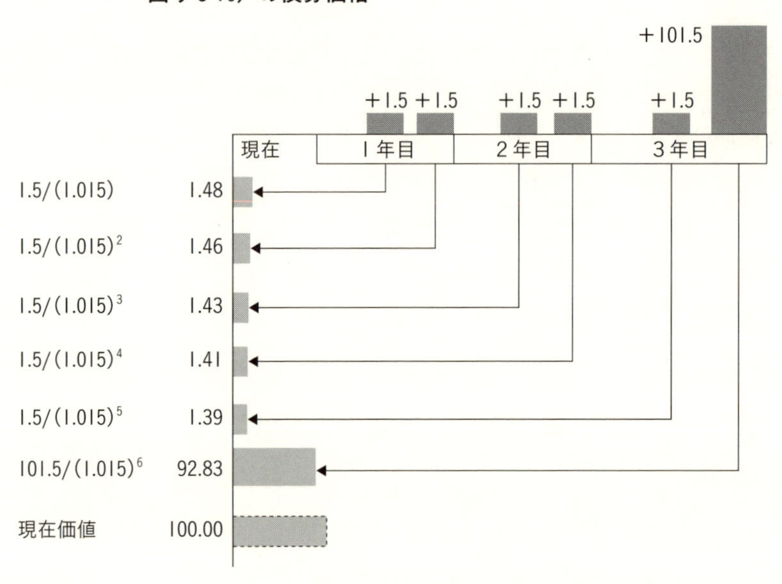


の固定利付債，クーポン３％（年２回払い），最終利回り３％のキャッシュ・フローを図示している。

これを数式で表すと次のようになる。項の数が２倍になって長い式になる。面倒くさくなるけれど，みんなも電卓のメモリー・キーを使って，間違いのないように計算して結果を確認してほしい。

$$\frac{1.5}{(1+1.5\%)}+\frac{1.5}{(1+1.5\%)^2}+\frac{1.5}{(1+1.5\%)^3}+\frac{1.5}{(1+1.5\%)^4}+\frac{1.5}{(1+1.5\%)^5}+\frac{1.5+100}{(1+1.5\%)^6}$$

$$=\frac{1.5}{(1.015)}+\frac{1.5}{(1.015)^2}+\frac{1.5}{(1.015)^3}+\frac{1.5}{(1.015)^4}+\frac{1.5}{(1.015)^5}+\frac{1.5+100}{(1.015)^6}$$

$$=99.9988 \fallingdotseq 100.00$$

この式を一般化させて，Σ記号を使って表すと下記のようになる。クーポンは$C$，最終利回りを$r$，償還までの期間を$n$年，発行時の価格を$P$とするのは，クーポンの利払いが年1回の場合の例と同じ。クーポン年2回払いの固定利付債の価格は下記の数式で表される。ちょっと複雑になるけれど，Σ記号や上下に付いた小さい数字が何を表しているのかを考えて，数式の意味を理解するようにしよう。

$$\frac{C/2}{(1+r/2)}+\frac{C/2}{(1+r/2)^2}+\cdots+\frac{C/2+100}{(1+r/2)^{2n}}$$

$$=\sum_{k=1}^{2n-1}\frac{C/2}{(1+r/2)^k}+\frac{C/2+100}{(1+r/2)^{2n}}$$

## 3-4 債券の価格と利回りの関係

**図表2-14**で示すように，「利回り」[3]が上昇すると一般的に「債券価格」は下落する。逆に「利回り」が低下すると「債券価格」は上昇する。両者には逆

3　最終利回りは債券発行時の償還まで債券を保有した場合の利回り（投資収益率）のことだけれど，時間が経過して債券の残存期間が短くなったり，途中で債券を売却することを前提とすると，「利回り」の対象期間は短くなり，「最終利回り」は「所有期間利回り」と呼ばれるようになる。ここでは一般化のため「利回り」と呼んでいる。

図表2-14 ▶ 債券の利回りと価格の関係

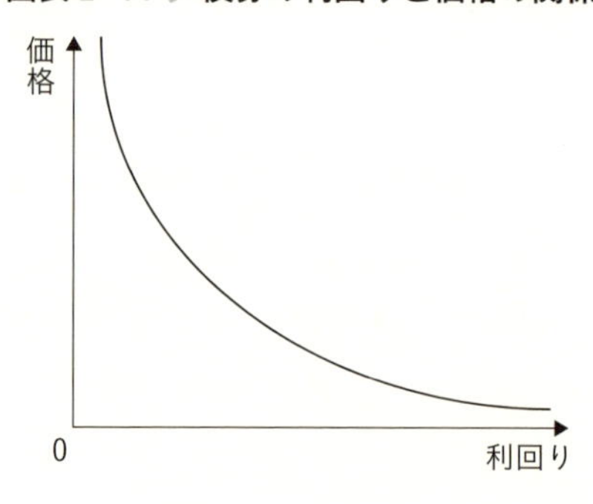


の方向に動く関係がある。「利回り」も市場に影響を受けて変動するから，市場金利の水準が上がると「債券価格」は下落し，市場金利の水準が下がると債券価格は上昇する傾向にある。

その性質を知った上で，債券の償還まで待たずに，高い価格の時に債券を市場で売却して利益をあげるための取引を債券のディーリングという。この章の第2節でも述べたように，債券に投資する人たちは，ほとんどが機関投資家で，金融機関などに所属している人が多い。彼らの中には「インカム・ゲイン」であるクーポン収入だけでなく，債券の「キャピタル・ゲイン」をねらって，売買を繰り返している人もいる。

また，2-2項でも述べたように日本で流通している債券のほとんどは「日本国債（JGB)」といわれる，政府が発行している債券である。国債は市場に買い手と売り手がたくさんいて，投資家同士で活発に取引し合って，日本証券業協会が気配値と呼ばれる参照価格を公表しているから，価格もつきやすい。その国債のうち，最も発行量の多い10年物の新規発行時の利回りは，長期金利のベンチマーク（指標）になっている。

## 3-5 ▶ 債券投資と景気の関係

最後に債券投資（株式投資）と景気の関係について説明しよう。

国債は政府が発行しているわけだから，地方債や社債や金融債よりも低い利回りになるはずだ。なぜなら政府は最も信用リスクが低くてデフォルト（債務不履行）を起こしにくい発行体と考えられるから。国は徴税権（国民に税金を課す権利）があるから，いざとなったら増税すれば借金も返済できるとここでは考える。ファイナンスの世界ではリスク・プレミアム０の証券，リスクフリー証券があると仮定して，実務的には国債の利回りを「無リスク利子率」とする。国よりもお金を返してくれないリスク（信用リスク）の高い発行体が発行する債券，例えば社債などの利回りには，その信用リスクに見合った（と市場が考える）リスク・プレミアムが乗っかっている。

国債の人気が高まり，国債の価格が高くなると，全般的に債券の利回りは低下する。逆に人気がなくなり，国債の価格が低下すると全般的に債券の利回りは高くなる。価格と利回りは互いに逆の方向に動くことは前述した。国債は信用リスクは低いけれども（無リスクを想定することも），その分利回りも低い。

景気が改善を示していて株価の上昇が期待できるならば，投資家は国債ではなく株式投資をするだろう。けれども景気が悪くなって，株式投資のリターンが悪化する見込みならば，投資家はリスクの低い国債を購入するだろう。

これをまとめると，次のような景気と長期金利（長期の国債の利回り）の関係がみられることになる。

景気が改善している局面では，株価が上がり，国債の人気は低くなる（国債から株式のスイッチ）。

↓

国債を売る人が増えると，国債の利回り（長期金利）が高くなる。

↓

金利全般が高くなると，景気は悪化し始める。

↓

景気が悪化し始めると，国債の人気は高まる。

↓

景気が悪化している局面では，株価が下がり，国債の人気が高くなる（株式から国債へのスイッチ)。

↓

国債を買う人が増えると，国債の利回り（長期金利）が低くなる。

↓

金利全般が低くなると，景気は改善し始める。

最初に戻る。

## 4 株式と株式の理論価格

### 4-1 株式のキャッシュ・フローと割引率

株価の予想は難しい。そもそも株式は株主による会社の持ち分であるから，株価は会社の資本の市場価値を発行済株式数で割ったもの。資本は負債と違って，資金の出し手に返済されることはないから，元本返済や償還の期限はなく，資本が生み出すキャッシュ・フローも，いつ終わるかはわからない。株式を発行する株式会社が突然倒産することもあるのだけれど，それがいつなのかは誰も予想できない。では，とりあえず株式会社が永遠に続くことにしておこうか。その永遠に生み出されるキャッシュ・フローを割り引いて現在価値を計算することで企業価値は計算できるだろう。だけどそれではますます株価の予想は難しくなってしまう。

毎年のキャッシュ・フローがいくらになるかを正確に予想することも難しい。しかも10年も20年もさらにもっと長く続くキャシュ・フローもすべてのお金が株主に分配されるわけではない。企業の税引き後の最終利益額の一部が株主に配当されるが，その配当額の割合（配当性向）も予想がつかない。株式投資による利益はインカム・ゲイン（配当による利益），キャピタル・ゲイン（株式の売却益），株主優待に分けられることは第２章第３節でも述べたけれど，配当への配分案を決めるのは経営陣，その案を株主総会で議決するのは株主となっている。配当をどう分配するかの問題については第4章でまた述べる。

気前よく利益を配当に回す会社の株価が高くなることもあるけれど，儲けているのに配当をケチっている会社の株価が高くなる可能性もある。それは，配当せずに会社に残していたお金が有効な設備投資にまわされて，将来の利益につながると市場が評価するからだ。いずれにせよ，配当は債券のクーポンのようにあらかじめ一定の額（あるいは金利水準に応じて変動するルール）が決まっているわけではないから，その額を予測するのは難しい。

しかも，現在価値を求めるにあたって，どういう「割引率」を使えばいいのだろう？　発行時の債券価格を求める場合は「最終利回り」を使った。個々の債券の最終利回りは，債券発行市場で表示される。その「最終利回り」がわかれば，変動利付債以外の債券の場合，将来のクーポンによる毎期のキャッシュ・フローの金額もわかっているので，発行時の債券価格は簡単に計算することが可能だ。時間が進行し償還期限が近づいたら，市場で示される金利（「所有期間利回り」）は変動し，債券価格も残りのキャッシュ・フローが少なくなっていく中で変動していくけれど，その場合も債券価格の計算はいつでも可能で，債券流通市場で「所有期間利回り」とともに表示される。

だけれども，株式の場合はこの割引率は明示されることはなく，推計が必要になる。その割引率から苦労の末算出した理論株価だって，実際の株価と必ずしも一致するわけではない。将来のキャッシュ・フローや配当の予想額同様，

**図表2-15 ▶ いつ終わるかわからない，変動する配当**

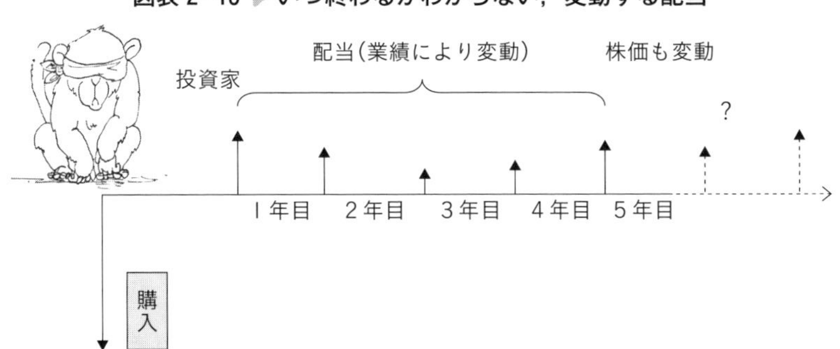

割引率も銘柄ごとに異なる推計値であるから，株価の理論価格は予想と推計を重ねた上に算出されるものであるがゆえに，正確に推計することは非常に困難であるということは誰にでも想像がつく（**図表2-15**）。

## 4-2 株式投資は美人投票

さらに，まだやっかいなことがある。ここまでの話は「ファンダメンタルズ分析」に基づいた株価の理論価格の推定が難しいというものだった。ファンダメンタルズというのは，経済活動等の状況を示す「基礎的な要因」のことで，ファンダメンタルズはすぐに変化するものではないから，ファンダメンタルズに基づいて算出した株式の理論価格を基準として，株式投資をすれば利益が得られるだろうということが，ファンダメンタルズ分析が有効であるという前提になる。

でも，実際の株式市場ではファンダメンタルズ分析では説明のつかない株価の動きは珍しいものではない。極端な例では，80年代末の日本の株価バブルもそうだし，1999年から2000年にかけてのITバブルもそうだ。逆に何らかの大きな経済ショック（例えばリーマン・ショック）があって，世界中の株価が急落する場合もある。そこまで極端ではなくても，株価が一方向に行き過ぎて，突然逆の動きをするということは，日常的によくみられる。

行き過ぎた株価の上昇や下落は，市場参加者の心理の影響であると考える見方もある。人間の心理は常に合理的であるとは限らないから，株式への投資判断も非合理的な心理が左右することも少なくない。もちろん，投資家だってバブルや世界同時株安のときに，これが行き過ぎだとわかった上で市場での売買に参加しているわけで，利益を失わないために市場の流れに乗るという合理的な行動をとっているのかもしれない。だけれど，非合理な側面も少なからずあって，それは「行動経済学」や「行動ファイナンス」という，心理学を取り込んだ学問のジャンルで研究されている。書店に行くと，このジャンルのわかりやすく書かれた，たくさんの本が並べられているから何冊か読んでみるといい。

ケインズという有名な経済学者は，株式投資を「美人投票」になぞらえている。ケインズは人類に多大な貢献をした経済学者だけれど，株式投資もうまくて，母校ケンブリッジ大学の金融資産3万ポンドを38万ポンドにまで増やしたという実績がある。ケインズが示している当時の「美人投票」は，今のAKB48等の総選挙や学園祭のミスコンとはちょっと違っていて，投票者が100枚の写真の中から，最も容貌の美しい6人を選び，その選択が投票者全体の平均的な好みに最も近かった人に賞金が与えられるという仕掛けだった。投票者が賞金を得るには，他の人が美人だと思って投票する人を予想する必要があったわけだ。自分が美人だと思う人に投票していたのでは，ひょっとして賞金はもらえないかもしれない。株式投資もこの「美人投票」とよく似た側面があって，市場参加者の心理を読まないと高いリターンは得られない。実際にその「美人投票」では意外な人が優勝する場合もあったろうし，株価だってファンダメンタルズ分析では説明のつかない動きを示すこともある。けだし名言。



## 4-3 配当割引モデル（DDM）

株式という価格決定のメカニズムが複雑な金融商品の理論価格をモデル化する場合，とりあえず複雑な現実における物事の前提を単純にして，簡単なモデルを導き出すようにする。それは社会科学においてよくある方法だ。理論株価の推計モデルの1つに，DDM（Dividend Discount Model）と呼ばれる「配当割引モデル」がある。将来発生する配当予想額を，妥当な「割引率」で割って，それぞれの現在価値を求めてすべてを足せば理論株価が求められるという考え方にDDMは基づいている。将来の配当額や，妥当な割引率は推測によるもので，推測は容易ではないわけだから，ここではそれぞれ$D_n$（$n$期の配当額），妥当な割引率を$r$，株式の理論価格を$P_0$と文字で置いておく。将来にわたってずっと続く配当の現在価値の和を示す式は次式①のようになる。

$$P_0=\frac{D_1}{1+r}+\frac{D_2}{(1+r)^2}+\frac{D_3}{(1+r)^3}+\cdots+\frac{D_n}{(1+r)^n}\cdots$$

$$=\sum_{t=1}^{\infty}\frac{D_t}{(1+r)^t} \quad ①$$

だけどやはり①でも毎期の配当を予想しなければならないし，それも永遠に続くわけだから，これではまだ理論株価を正確に推計することはできない。

そこで，ちょっと切り口を変えて考えてみよう。今度は株式 $S$ のリターン（収益率）を $r_s$ としてみる。株式のリターンはインカム・ゲイン（配当収益）とキャピタル・ゲイン（売却益）に分けられるということは前に述べた通り（ここでは株主優待は考えない）。1年間の株式投資によるリターンはまだ実現していないから，「期待リターン」として下記のように表すとする。$E$ というのは，Expectation，つまり期待の英語の頭文字のことで，$E(r_s)$ は株式 $S$ の期待リターンのことを指す。期待リターンとは，投資家が運用から将来得られる見込みのリターンの平均値を意味する。実際に投資を行うと期待リターンを上回ることや下回ることがあるかもしれないけれど，平均すれば得られる値ということだ。この期待リターンについては，第3章でまた詳しく述べる。

$$E(r_s)=\frac{D_1+(P_1-P_0)}{P_0}=\frac{D_1}{P_0}+\frac{(P_1-P_0)}{P_0}$$

右辺の最初の項がインカム・ゲインによる期待リターン，二番目の項がキャピタル・ゲインの期待リターンであることはわかるだろう。これを変形すると（括弧を先に開いてそれぞれわり算をすると），下記の式になる。

$$E(r_s)=\frac{D_1+P_1}{P_0}-1$$

両辺に $P_0$ を掛けて，$P_0$ を左辺に持ってきて，両辺を $1+E(r_s)$ で割ると，

$$P_0=\frac{D_1+P_1}{1+E(r_s)} \qquad ②$$

この②式は現在の株価$P_0$と１年後の配当$D_1$ならびに株価$P_1$の関係式だけれど，この関係を１年後の株価$P_1$と２年後の配当$D_2$ならびに株価$P_2$の関係式に当てはめると，

$$P_1=\frac{D_2+P_2}{1+E(r_s)} \qquad ③$$

③を②に代入すると，

$$P_0=\frac{D_1+\frac{D_2+P_2}{1+E(r_s)}}{1+E(r_s)}=\frac{D_1}{(1+E(r_s))}+\frac{D_2+P_2}{(1+E(r_s))^2}$$

同様に２年目の株価$P_2$に数式（$P_2=(D_3+P_3)/(1+E(r_s))$）を代入していくと，

$$\begin{aligned}P_0&=\frac{D_1}{(1+E(r_s))}+\frac{D_2+P_2}{(1+E(r_s))^2}\\&=\frac{D_1}{(1+E(r_s))}+\frac{D_2}{(1+E(r_s))^2}+\frac{D_3+P_3}{(1+E(r_s))^3}\end{aligned}$$

$t$期まで配当が続くと仮定すると，

$$P_0=\frac{D_1}{(1+E(r_s))}+\frac{D_2}{(1+E(r_s))^2}+\frac{D_3}{(1+E(r_s))^3}+\cdots+\frac{D_t+P_t}{(1+E(r_s))^t}$$

$T$が無限大まで続くとすると，

$$P_0=\frac{D_1}{(1+E(r_s))}+\frac{D_2}{(1+E(r_s))^2}+\frac{D_3}{(1+E(r_s))^3}$$

$$+\cdots=\sum_{t=1}^{\infty}\frac{D_t}{(1+E(r_s))^t}$$

したがって，割引率は株式$S$の期待リターン$E(r_s)$を用いればいいことがわかる。この期待リターンは当たり前だけれど，株式の銘柄によって異なる。期待リターンが相対的に高い銘柄は，現在の株価が相対的に低くなることがわかる。割引率$E(r_s)$が大きく（小さく）なると，現在価値は小さく（大きく）なる。

さて，後はこの無限に続く項の和をどうやって求めるかだ。

## 4-4 一定配当型のDDM

ここで思い切って将来の配当がすべて同じ額になるとしよう。現実的にはありえない仮定だろうけれど，でもそうでもしないと無限に続く項の和は求められない。実はこのように過程を単純にすると簡単に無限続く項の和は簡単に計算することができるようになる。

ここでは無限等比数列の和を使う。一見，難しそうな名前だけれど，公式は非常に単純。まず，ある規則に従って数字が並んでいる状態を数列という。それも無限等比数列は数字が無限に続く。例えば，

2，4，8，16，32，64，128，256，512，1,024……

この無限等比数列は，ある規則に従って数字が並んでいることに気づく。その規則に気づけば，1,024の次の数字も簡単に当てることができる（2,048）。最初の数字に2を掛ければ4，そして同じように2を9回掛ければ1,024になる。この数列が永遠に続くならば，無限等比数列と呼ぶ。無限でなければ普通の等比数列だが，有限無限にかかわらず，等比数列の最初の数字のことを初項と呼

ぶ。この無限等比数列の初項は２。

等比数列には，すぐ左側の数字に共通の数字を掛けたら，すぐ右側の数字になるという単純な規則がある。この共通の数字のことを公比という。この無限等比数列の公比は２。等比数列では数字が左から右に一定の比率で変化していく。だから1,024の次は2,048。

では，この初項２，公比２の無限等比数列の数字を全部足すといくらになるか。これは難しいようで簡単。答えは∞（無限大)。無限に大きくなり続けるのだから，それらを全部足せば∞。

では別の無限等比数例の例で考えてみよう。

1，0.1，0.01，0.001，0.0001，0.00001……

この無限等比数列の場合，初項１，公比0.1であることはすぐにわかるだろう。この無限等比数列の和はいくらになるか。これもすぐにわかるだろう。この無限等比数列の和は1.1111111……。ずっと無限に１が続く循環小数になる。

実は無限等比数列の和の公式はすごく単純だ。初項をａ，公比をＲとすると，次のようになる。

$$\sum_{i=1}^{\infty} aR^{i-1}=\frac{a}{1-R}$$

ただし，公比は次の条件を満たす必要がある。そうじゃないと，最初の無限等比数列のように和が無限大になってしまうから。

$$-1 \leq R \leq 1$$

なぜこうなるのか？　それは次のように説明できる。まず，$n$ までの有限な等比数列の和を $S_n$ とする。

$$S_n=a+aR+aR^2+\cdots+aR^n \qquad ④$$

この両辺に公比 $R$ を掛けると，

$$RS_n=aR+aR^2+\cdots+aR^n+aR^{n+1} \qquad ⑤$$

④式から⑤式を引くと右辺の真ん中の項が全部消えてしまう。

$$S_n-RS_n=a \qquad\qquad -aR^{n+1}$$

括弧でくくってまとめて，両辺を（$1-R$）で割る。

$$S_n(1-R)=a(1-R^{n+1})$$

$$S_n=\frac{a(1-R^{n+1})}{1-R}$$

この式において $n$ が無限大に大きくなるとすると，$-1\leqq R\leqq 1$ なので，$R^{n+1}$ は 0 に近づいていく。だから

$$S_\infty=\sum_{i=1}^{\infty}aR^{i-1}=\frac{a}{1-R}$$

では早速この公式を使ってみよう。上記の初項 1，公比0.1の無限等比数列を，この公式に当てはめて確認してみる。

$$\sum_{i=1}^{\infty}aR^{i-1}=\frac{a}{1-R}=\frac{1}{1-0.1}=\frac{1}{0.9}=1.111111\cdots$$

この無限等比数列の和の公式を確認したところで，冒頭の一定配当型 DDM の話に戻る。配当がずっと同じ株式があるとしたら，理論株価は以下のようになる。

$$P_0=\frac{D}{1+r}+\frac{D}{(1+r)^2}+\frac{D}{(1+r)^3}+\cdots+\frac{D}{(1+r)^n}\cdots$$

$$=\sum_{t=1}^{\infty}\frac{D}{(1+r)^t}$$

この DDM では配当はずっと $D$ のまま。そして式を書いてみたら，この式は初項 $D/(1+r)$，公比 $1/(1+r)$ の無限等比数列であることに気づく。だとするなら，公式を使って，$P_0$を簡単に解くことができる。公比 R は $1/(1+r)$ だから $-1\leq R\leq 1$の条件も満たしている。

$$P_0=\frac{D}{1+r}+\frac{D}{(1+r)^2}+\cdots+\frac{D}{(1+r)^n}\cdots=\sum_{t=1}^{\infty}\frac{D}{(1+r)^t}$$

$$=\frac{a}{1-R}=\frac{\frac{D}{1+r}}{1-\frac{1}{1+r}}=\frac{\frac{D}{1+r}}{\frac{1+r-1}{1+r}}=\frac{D}{r} \qquad ⑥$$

非常に単純な⑥式が導かれた。配当がずっと同じ株式の場合，理論株価は毎期の同じ配当額 $D$ を期待リターン $r$ で割ればいいことになる。

## 4-5 定率成長型の DDM

一定配当型の DDM では毎年配当が同じなのであまりに単純すぎて，簡単な公式しか導けないのだろうというのであれば，少し DDM を複雑にしよう。今度は配当が毎年 $g$ %と一定比率で増加することにする。もちろんこれでもまだ現実の企業の配当額を表しているものとはいい難い。単純化において，1期目の配当が$D$だとしたら，2期目の配当は$D(1+g)$，3期目の配当は$D(1+g)^2$であるとする。式にすると次の通り。

$$P_0=\frac{D}{1+r}+\frac{D(1+g)}{(1+r)^2}+\frac{D(1+g)^2}{(1+r)^3}+\cdots+\frac{D(1+g)^{n-1}}{(1+r)^n}\cdots$$
$$=\sum_{t=1}^{\infty}\frac{D(1+g)^{n-1}}{(1+r)^t}$$

ではこれも無限等比数列の和の公式に当てはめてみよう。初項$a$は$D/(1+r)$，公比$R$は（$(1+g)/(1+r)$）である。公比$r$はやはり$-1\leq \mathrm{R}\leq 1$の関係を満たしているので，

$$P_0=\frac{D}{1+r}+\frac{D(1+g)}{(1+r)^2}+\cdots+\frac{D(1+g)^{n-1}}{(1+r)^n}\cdots=\sum_{t=1}^{\infty}\frac{D}{(1+r)^t}$$
$$=\frac{a}{1-R}=\frac{\frac{D}{1+r}}{1-\frac{1+g}{1+r}}+\frac{\frac{D}{1+r}}{\frac{1+r-g-1}{1+r}}=\frac{D}{r-g} \quad ⑦$$

ここでも単純な公式が導かれた。例えばある株式の1株当たりの配当$D$が30円，期待リターン6％，配当の成長率が3％とすると，理論株価は1,000円ということになる。これでシンプルな理論株価を求めることができるようになった。

$$\frac{D}{r-g}=\frac{30}{6\%-3\%}=\frac{30}{0.03}=1{,}000\text{円}$$

一定配当の株式も，定率成長型配当の株式も，あまり現実的な株式ではない。

したがって，実務的な理論株価の推計にはこのままでは使えない。

さらに，将来の予想配当額だって，仮に正確な額が予想できたとしても，投資家は配当の増加よりも，企業による，内部留保からの再投資と将来のキャッシュ・フローの増加に期待しているかもしれないので，配当だけが株価に常に影響を及ぼすわけではない。第4章第2節で述べる「MM理論」では「企業の配当政策は企業価値に影響を及ぼさない」とまで言い切っているくらいだ。

では証券アナリストやコンサルタントなどの専門家は企業価値や株式価値をどのようにして推計しているのだろうか。代表的な方法として，「フリー・キャッシュ・フロー割引モデル」がよく用いられる。おおざっぱにプロセスを説明しておくと，DDMで分子の値として用いていた予想配当額の代わりに，予想される将来のフリー・キャッシュ・フロー（FCF）の金額を用いる。

フリー・キャッシュ・フローというのは，企業が稼いだキャッシュ・フローから，企業の活動に必要なお金を差し引いたお金の手元に残っている分のこと。企業の生み出す付加価値といえる部分で，株主や債権者に自由に分配できるキャッシュ・フローだと考えられる。だから，このフリー・キャッシュ・フローを割り引いて現在価値を全部足すと，企業価値を求めることができる。企業価値から遊休資産などを引いて事業価値を求める。その事業価値から，有利子負債や少数株主持分（子会社の株式所有分）を引くと，株主価値が計算できる。株主価値を発行済株式数で割ると，理論株価を求めることができる。

将来のフリー・キャッシュ・フローの金額を予想することは容易ではないけれど，会計データを参照して，可能な限り蓋然性の高い推計を行えばいい。

この理論株価の推計については，また第4章第1節で詳しく述べる。

## 5 デリバティブ

### 5-1 「怖い」，「難しい」，「縁がない」

デリバティブという言葉にはどういう印象を持つだろうか？　ある人によっ

ては，なんだか「怖い」ものだという印象があったり，また別の人によってはなんだか「難しい」ものだというものだという印象があるだろう。さらに日常生活に「縁がない」と思う人もいるだろう。

「怖い」。確かにそういった側面もある。1995年にある銀行のシンガポール支店に所属していた１人の運用担当者が，デリバティブ（日経平均指数の先物取引）で出した損失を穴埋めするために，ずるずると損失を巨額に膨らませてしまっていたことが発覚した。そのおかげで，英国で女王陛下の銀行と呼ばれるほどの名門であったベアリングス銀行は破綻してしまう。1994年には，ディズニー・ランドがあるカリフォルニア州オレンジ郡という地方公共団体も，金利のデリバティブ運用に失敗して財政破綻してしまう。その後もデリバティブは，たびたび投機的な運用資産として多額の損失を生じさせ問題となった。外国だけの話ではなくて，日本の企業や大学までがデリバティブによる資産運用に失敗して，巨額損失を計上した事例はたくさんある。

投資家としてカリスマ的な存在である米国のウォーレン・バフェット[4]は，デリバティブを「大量破壊兵器」と呼んでいる。リスクの把握が難しい金融商品には一切手を出さないというのも，彼の賢明な投資哲学だろう。

投資家や企業経営者が多額の損失を出してしまうのは，リスクを把握しきれていないからであることが多い。本来デリバティブは「リスクを軽減する」ための商品なのだから，うまく使えば問題はない。だけれど，全体のリスクを把握することができなくなってしまうと，結局過大にリスクを負って，巨額損失を計上することになりかねない。ある日本の外食企業を経営する社長は，デリバティブで最終的に153億円の損失を抱えてしまったが，知らず知らずにとっていたリスクを，「リスクだと思っていなかった」と答えている。さらに上述の巨額損失計上の事例では，リスクを把握していても，すでに膨らんだ巨額損

4　ウォーレン・バフェットは，ニューヨークではなく，地元のネブラスカ州オマハに長く住み，「オマハの賢人」と呼ばれるカリスマ的な投資家。①事業の内容が理解できる，②長期的に業績が良いことが予想される，③経営者に能力がある，④株価は魅力的な価格であるという，４つの条件を満たす株式に長期投資を行うという，堅実な投資スタイルを貫いている。

失を取り返すために，さらにデリバティブに資金をつぎ込む形で運用に失敗している。また，自分がデリバティブの運用に関わっていなくても，所属する組織や企業がデリバティブの運用に失敗するという恐れもある。だから「怖い」という点はなかなか否定できないかもしれない。

「難しい」。デリバティブを学ぶにあたって，昔からよく指摘される言葉に「35歳デリバティブ限界説」というのがある。これは，35歳までにデリバティブを勉強しないと理解できないというもの。デリバティブは数学，法律，会計など，ファイナンス周辺の全般的な内容を理解しなければならず，柔軟な頭脳が要求されるという点から，そういわれる。確かに35歳を過ぎると頭が固くなってしまい，新しい知識が身につきにくくなるということもあるかもしれない。だけれど，デリバティブを学ぶ上で最初でありかつ最大の難関になるだろう数学だって，専門の研究者でない限りは，デリバティブのモデル式に出てくる難解な数式をすべて理解する必要はない。大事なのは「概念」を学ぶことだ。それも本を読めば疲れが出るような難解な内容ではなくて，どちらかというと，トランプのゲームのルールを学ぶ感覚に近い。まずはその基本的な段階まで学べばいい。あとは数学や法律や会計の知識をだんだん増やしていけばいい。35歳からだってけっして遅いわけではないだろう。

最後に「縁がない」だけれど，これはそうとは限らない。というのは，デリバティブは，所を変え形を変えて，企業や個人の日常のさまざまな場所で活用されている。個人の金融資産だって，銀行預金を含めて金融資産として形を変えている限りは，間接的にデリバティブでの資金運用に用いられている可能性も低くはない。学んでいる大学や，勤めている会社，将来受け取ることになる年金資産だって，まったくデリバティブを活用した資産運用にタッチしていない，していなかったということはむしろ考えにくい。自分の資金が関わらなくても，デリバティブによる巨額損失は，地域経済や企業の経営状況にも影響を及ぼす。だから無縁であるとはいえない。デリバティブがどういうものか，基本知識を押さえておいたほうがいいだろう。

## 5-2 語源と金融派生商品の意味

まず，英語に直しておくと，デリバティブはDerivativesと通常複数形になる。それは先物取引，オプション，スワップなど，さまざまな種類のデリバティブが含まれるからだと考えればいい。日本語では複数の概念であっても複数の表現にしないことが多いので，単数形で訳されている。

デリバティブは「金融派生商品」と訳されることもある。というのも，Derivativesは動詞のDeriveからきているから。Deriveは日本語に訳すと，「～から来ている」，「由来する」，「派生する」で，「もともとあるものから，何か別のものが枝分かれして生まれている」ことを意味する。

何から枝分かれしたか。それはオリジナルの金融商品である「原資産」。この「原資産」にはいろいろなものが当てはまる。

**図表2-16**に示すように，為替（通貨），債券，金利，株式指数（日経平均やTOPIXのこと）などの原資産には，それぞれデリバティブがある。デリバティブは主に「先物」，「オプション」，「スワップ」の3種類に分けられる。このうち「スワップ」は通貨と金利に限られるけれど，「先物」と「オプション」に関しては，それぞれの原資産にそれぞれのデリバティブがあることになる。「先物」なら通貨先物，金利先物，株価指数先物などというように。「オプション」だって通貨オプション，金利オプション，株式オプションなどがある。

**図表2-16 原資産とデリバティブ**

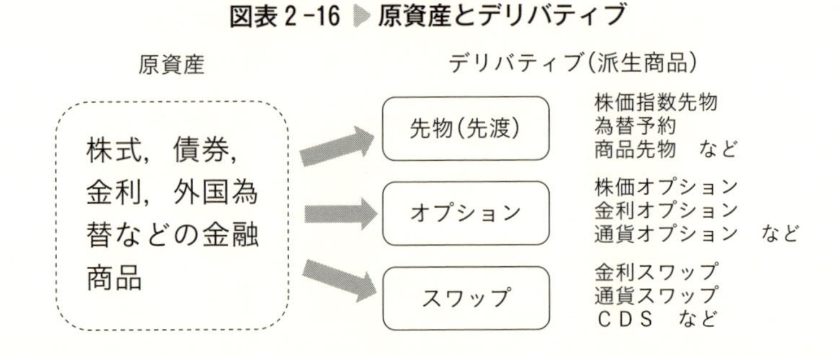

## 5-3 デリバティブの性質

先物，オプション，スワップについては，それぞれ5-5，5-6，5-7で説明するとして，その前にデリバティブに共通の性質をまとめてみよう。

まず1つ目。デリバティブは少しの資金で大きな金額の取引が可能ということ。実際には大きなお金を運用するのと同じようなことをしているのに（同じようなリスクを負っているのに），実際に使うお金は大きくないということ。この仕組みを「レバレッジ」ということもある。レバレッジというのは「てこ」のこと。「てこの原理」については，小学校の理科で習ったと思うけれど，あの小さな力で大きな物を動かすことのできる「てこ」のように，少ない資金で大きなお金を動かすことができると考えればいい。「先物」なら当初は委託証拠金を預ければいいし，「オプション」ならオプションの価格を支払うことで，オプションの買いのポジションをとることができる。それらはいずれも原資産の時価ほど大きくはないものだ。デリバティブは，だからこそ怖い。

2番目に，デリバティブはゼロ・サム・ゲームだということ。ゼロは0，サムはsumの意味だから，「合計するとゼロになるゲーム」という意味になる。つまり，市場の参加者の利得（損失）額は参加者全員の分を合計するとゼロに

**レバレッジを効かせれば，少しの資金で大きな金額の取引が可能に**

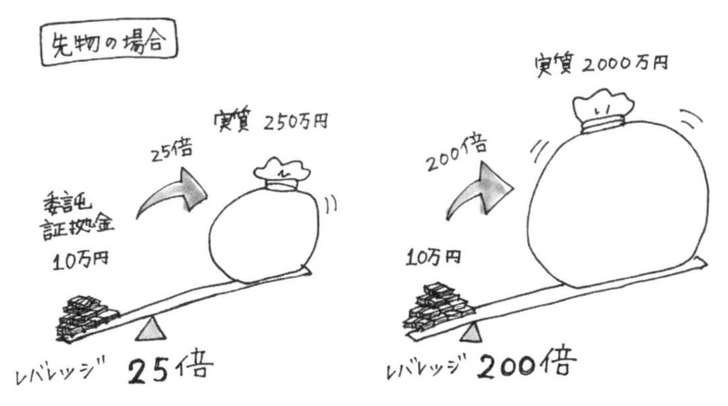

なるということ。デリバティブは誰かが巨額の損失を出したとしたら，その裏で巨額の利益を得ている人がいるということになる。

3番目はリスク移転機能。デリバティブはもともと資産運用の上でリスクを軽減するためのものなのだけれど，それはわかりやすくいうと，誰かにリスクを「なすりつける」ものだと思えばいい。ゼロ・サム・ゲームの下ではリスクも誰かから誰かに移っていく。デリバティブのリスク管理がいい加減だと，いつの間にか，そのリスクを引き受けてしまって，巨額の損失を計上しまいかねない。だからこそ，デリバティブ運用にあたっては，リスク管理を徹底しなければならない。

4番目はデリバティブの価格の決定メカニズム。これについては第1章第2節の「無裁定価格理論」で述べているのだけれど，原資産とデリバティブの間で「裁定取引」ができないように，デリバティブの理論価格が決まっていく。例えば先物を売って同時に原資産を購入する。その後これと反対の取引（先物を買って，原資産を売却する）をある時期に行うという，単に反対のことをするだけの取引。こんな取引だけでは原理的に利益は出ないはずだ。こんな単純な反対売買の取引で儲けが出るのだったら誰もがこの取引をすることだろう。だけど，そんなに投資は甘くはない。利益が出ないようにならないとおかしい。一物一価の法則が働いて，こんな取引で利益が出ないように，デリバティブの価格は決まっていくことになる。裁定取引で儲けることができないように，デリバティブの理論価格は決まる。

最後の5番目は，デリバティブの価格の変動は原資産価格に影響を及ぼすということ。原資産価格の変動はデリバティブ価格に影響を及ぼすから，双方向に影響を及ぼし合っているという意味だ。

## 5-4 先渡取引

輸出業者は為替予約を行って，為替レートの変動に対してリスク・ヘッジを行っている。リスク・ヘッジは起こりうるリスクの程度を予測して，リスクを軽減・回避することで，本来デリバティブはこのために活用される。為替予約は単純なリスク・ヘッジで，現時点では売買の価格や数量などを約束だけしておいて，将来の約束の日が来た時点で，商品（ここでは外国通貨）の受け渡しを行うので，先渡取引とも呼ばれる。先渡取引はいずれ行われる受け渡しの価格を早く約定するだけなので，レバレッジをかけることにはならない。

例えば日本の輸出業者は米国ドルで収益を受け取るけれど，最終的にはその多くを日本円に換金する。この時為替レートの変動によって為替差益（差損）を計上することがある。例えば現時点で為替レートが１＄＝100円であるとする。米国で＄10,000の収益があがるとすると，それを現時点の為替レートで円に換金できるならば（手数料などは考えない），100万円の収益に換金することができる。

だけど米国ドル建ての収益を円に換金しないうちに，円高ドル安になってしまい，為替レートが１＄＝90円になってしまったら，＄10,000の収益は90万円にしかならない。１＄＝100円の場合に換金できる100万円に比べて10万円（10％）の為替差損を計上することになる。

**図表２-17**で示すように，もし今後円高ドル安が進むという恐れがあると予想される場合，輸出業者は為替予約を行う。例えば銀行などと相対取引（１対１の取引）で，１＄＝99.50円での為替予約が可能になったとしよう。そうす

**図表２-17 ▶ 為替予約**

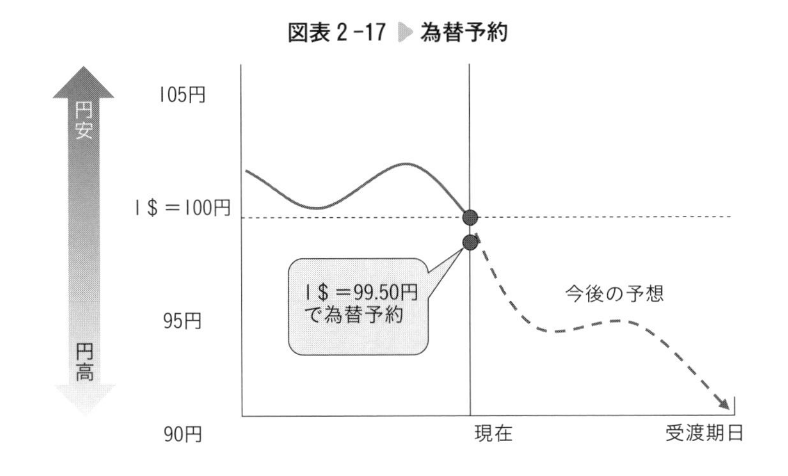

ると実際の受け渡し（米国ドル→日本円への換金）は先のことになるけれど，為替レートは１＄＝100円に比べて，少し円高ドル安の１＄＝99.50円で，円買いドル売りを行うことができる。仮に今後円高が進んで１＄＝80円になったとしても，１＄＝99.50円で取引できて＄10,000を99万5,000円に換金できるわけだから，１＄＝100円で換金できた場合に比べて５千円だけの損失にとどまる。もちろん，この場合相手方の銀行は損をする。

ここでは１＄＝99.50円という為替レートを先渡為替レートと仮定したのだけれど，その為替レートの水準には理論値がある。それは金利平価ともいわれる。日本に居住する日本人が，日本と別の国でお金を預けた場合に，一方が高い利子収入が得られるようにはならないように，先渡為替レートが決まる。その理論値を参照して銀行と輸出業者が先渡為替レートで相対取引するわけだ。

例えば100万円を持っている日本人がお金を６カ月間，日本で運用しようか，米国で運用しようか，迷っていることとする。日本の預金金利は年率１％，米国の預金金利は年率２％とする。また，スポット（その時点）の為替レートは１＄＝100円とする（手数料などは考えない）。

**図表２-18**は理論上の先渡為替レートの計算方法を示している。この仮定の場合，100万円を半年間運用することになっているから，金利１％（年率）の日本の銀行に半年預けると100万円は，100万5,000円になる（100万円×（１＋１％×１／２）＝100万5,000円）。一方半年間米国の銀行に預けると，まず100万

**図表２-18 ▶ 通貨先渡取引における理論先渡為替レート**

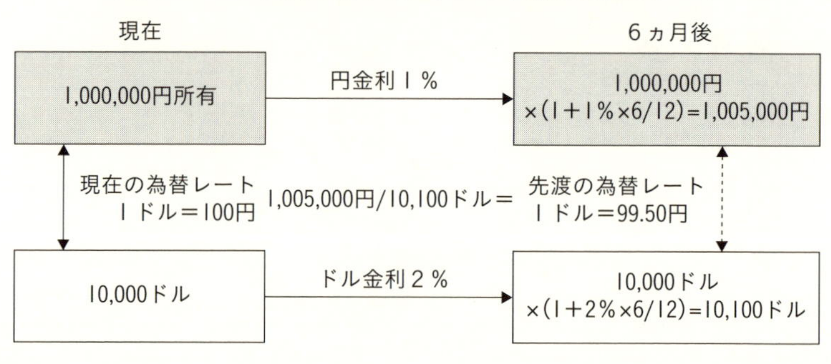

円を米国ドルに換金する必要がある。＄10,000にして，それを金利２％（年率）で半年預けると＄10,000は＄10,100になる。さて，この米国の銀行に預けて増えたお金＄10,100は，「裁定取引」ができないようになっているという前提で考えると，日本で運用して増えたお金100万5,000円と等しい価値になる。もしそうならず，例えば米国に預けたほうが収益が得られるのであれば，多くの日本人は裁定取引をねらって，米国にお金を預けることになる。

先渡為替レートは金利平価を満たすように決まる。つまり，この例では100万５千円＝＄10,100となるように，先渡為替レートが決まる。これを計算すると（1,005,000÷10,100），先渡為替レートを１＄＝99.50円と計算することができる。この為替レートは第１章第２節で説明した「無裁定価格理論」にしたがって決まるレートである。

次項で述べる先物取引の理論価格も，原理的にはこの先渡取引の理論価格と同じ。ただ先物は相対取引ではなく市場取引になる。また先物取引には，「反対売買」，「委託証拠金」の差し入れ，それに「差金決済」も取引に関わってくる。

## 5-5 先物取引

先渡取引も，先物取引も，将来の一定の期日に，今の時点で取り決めた価格で特定の商品を取引する契約であることは同じ。だけれども，先物取引では実際に商品を受け渡すことがなく，「反対売買」（買いに対して売り，売りに対して買い）によって「差金決済」をする形が主流になっている[5]。反対売買を行うということは，損益が発生するということ（安く買って高く売ることができたら利益，安く売ったのに高く買ったら損失）。その損益を確定させるのが差金決済。

また，先物取引は取引所で行われる取引のことを指す。先渡取引は１対１の相対取引だったけれど，先物取引は買い注文と売り注文が集められる取引所取

5　債券先物など実際に金融商品を受け渡す先物取引もある。

引になっている。取引所取引では，商品が定型化されていて，期限日までならいつでも反対売買を行える。この期限日のことを「限月」という。また，買う予約をすることを「買建て」，売る予約をすることを「売建て」という。そして，投資家がどのような買建てや売建てを行っているかという持ち高の状況のことを「ポジション」と呼ぶ。

例えば，**図表2-19**で示すようにまず100円で商品先物を買い，限月までのある時点でこの商品先物の価格は200円に値上がったとする。ここで反対売買，すなわち商品先物を200円で売ると，差金決済により正味100円の利益を受け取ることになる。ただし，先物の買いにおいては，事前に委託証拠金（仮にその比率が10%なら10円）を預けることになる。ポジションを解消する（反対売買を終えると），この委託証拠金も返却される。

逆に先に先物の売りから入る取引もある。**図表2-20**に示すように，200円

**図表2-19 ▶ 先物取引と差金決済（買いから入る）**

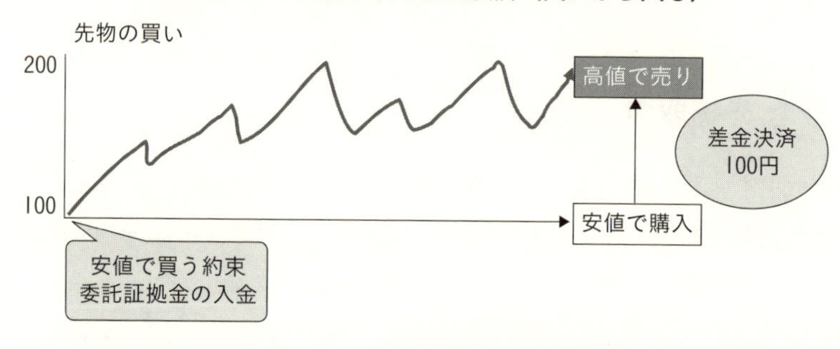


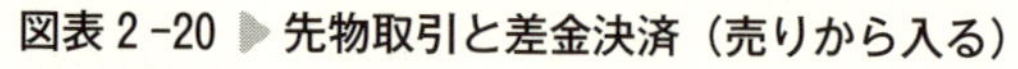

**図表2-20 ▶ 先物取引と差金決済（売りから入る）**

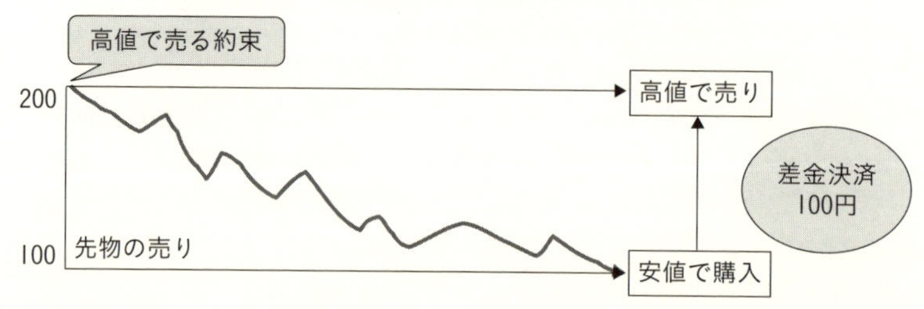

で商品先物を売り，限月までのある時点でこの商品先物の価格は100円に値下がったとする。ここで反対売買，すなわち商品先物を100円で買うと，差金決済により正味100円の利益を受け取ることになる。つまり，先物では買いから入るだけではなく，先に売りから入ることもできる。

ちなみに先物を買うときに預ける委託証拠金に関しては，「追い証（追加証拠金)」という制度があって，一定の維持率（委託保証金維持率）を下回ると，追加の保証金を差し入れなければならなくなるから，気をつけないとこの負担が重くなる。先物の買いポジションはレバレッジが効くのだけれど，先物価格が一定の比率以上下落すると，すぐに現金を納めないと駄目ということになるから，気をつけないといけない。

さてここで先物商品の代表格，日経225先物を取り上げよう。これは原資産を日経平均株価指数とした先物商品のことで，現在は大阪取引所[6]に上場している。

実は大阪は随分昔から先物取引を取引所で行っていた。1730年，大坂の堂島に堂島米会所という取引所が開設されていた。これは世界で初めてのデリバティブ（米先物）を扱う取引所といわれている。日経225先物は1988年から旧大阪証券取引所（当時）で売買されてきたデリバティブ商品で，シカゴやシンガポールの取引所でも売買されている。

日経225先物の価格は，原資産である日経平均株価指数と連動することが多いけれど，その理論価格を公式で表すと下記のようになる。ここで$S$は日経平均株価指数，$F$は日経225先物の理論価格を示す。$r$は金利，$d$は配当。$t$は期間（年）を示す。

$$F=S+S(r-d)t$$

6　かつては大阪証券取引所（旧大証）として現物株式も扱っていたが，2013年に東京証券取引所と経営統合したことによって，現物株式はすべて東証に移管され（2013年），2014年３月，旧大証はデリバティブを専門に扱う大阪取引所として生まれ変わった。

すごくシンプルな式だ。先物理論価格は現物価格に，右辺第二項を足したものになる。この右辺第二項のことを「キャリング・コスト」と呼んでいる。なぜこうなるのかというと，先物の場合は決済が後になるから，先物を買うポジションをとる側は払わないで済むお金を金利 $r$ で運用することができる（実際には委託証拠金の預託があるけれど，ここでは考えない）ことになる。その分，買いのポジションをとる先物運用は得することになる。だから，理論上の先物価格はこの値 $rt$（$t$ 年間の利率 $r$ での運用益）を現物価格に上乗せしたものになるわけだ（$t$ については，例えば半年なら $t=6/12=1/2$ と考える）。逆に株式の配当 $d$ については現物を所有しているわけではないので実際には受け取れない。だから同様に $dt$ だけ差し引く。

この式は単純だから簡単に覚えられる。では，練習問題を解いてみよう。

**練習問題**

日経平均株価指数（原資産）が20,000円，短期金利２％，配当が1.4%のとき，半年後に限月を迎える日経225先物指数の理論価格を求めよ。

**解　答**

$F=S+S(r-d)t$ より，

$F=20{,}000+20{,}000(2\%-1.4\%)\times0.5$

$=20{,}000+20{,}000\times0.003\times0.5$

$=20{,}000+30=20{,}030$円

さて，もちろん，市場で変動する先物価格は理論価格で一定しているわけではない。理論価格よりも割高になったり，割安になったりしながら実際の先物価格は変動し，取引最終日に向けて現物価格に収斂していく。**図表２-21**はその価格変動のイメージを示している。

先物の理論価格は決済最終日が近づいて行くに従ってだんだん現物価格に近づいていく。これはキャリング・コストが０に近づいていくからだ。ここでは右下がりの直線で単純化して表されているのが先物理論価格だけれど，実際の

**図表 2-21 ▶ 先物の理論価格と裁定取引の機会**

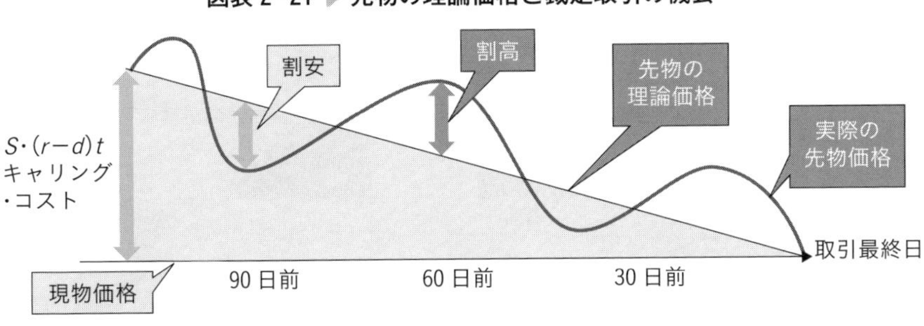


先物価格はこの線よりも高くなったり，低くなったりしている。要するに理論価格に従わず，割高になったり，割安になったりを繰り返していく。この割高な先物を売り，同時に現物を購入する。そして，一定期間後に先物が理論価格に一致したところで，先物を買い戻して現物を売却すると，裁定取引によって利益を得ることができるようになる。

これを英語では Arbitrage（アービトラージ）取引といっている。だけど先物価格が割高，割安になる局面は限られているし，市場が効率的であればすぐにその乖離は消えてしまう。だからなかなかこういう Arbitrage 取引をうまく行うことは難しい。でも Arbitrage 取引で利益を得ている，ヘッジ・ファンドの投資家も世界にはいる。

デリバティブは主にリスク・ヘッジのために使われる金融商品だということは前に説明した。では，どのように先物を使ってリスク・ヘッジを行うのだろうか。それは簡単な話。原資産として所有している金融商品があるとすれば，それと反対の取引を先物ですればいい。

ただし，反対の取引をする先物の比率には工夫がいる。現物とまったく同じだけ先物で反対売買をするとフル・ヘッジすることになって，リスクはニュートラルになる。つまり，**図表2-22**に示すように現物に投資しながら，同規模の先物を売るなら，現物価格が下がって売却を余儀なくされて，損失を出したとしても，売りから入った先物による利益で，現物取引の損失を打ち消すことができる。一方で，現物価格が値上がりして売却益を得たとしても，売りから

図表 2-22 ▶ 先物によるヘッジのしくみ

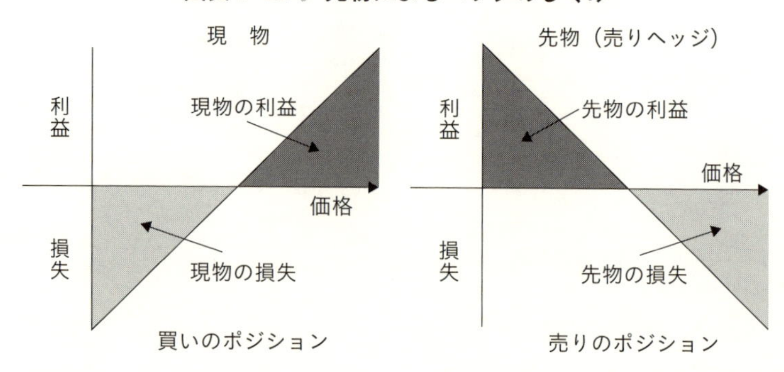


入った先物による損失が発生するから，この場合は利益が打ち消されてしまう。

リスクをニュートラルにさせても利益が相殺されて何も得られないのでは投資している意味はないけれど，デリバティブをうまく使えば理論上，リスクをほぼなくしてしまうこともできる（そのリスクは誰かが引き受けている）。もちろん，フル・ヘッジは極端な話で，デリバティブを組み込む比率をうまく調整すれば，投資家の予想に基づいた的確なリスク・ヘッジも可能になる。

## 5-6 》オプション取引

さて，次はオプションだ。オプションは「売買する権利」のこと。その権利を売買するから，言葉の上では少しややこしくなる。つまり①「買う権利を買う」，②「売る権利を買う」，③「買う権利を売る」，④「売る権利を売る」という4通りの組み合わせが考えられる。このうち，「買う権利」はコール（Call），「売る権利」はプット（Put）と呼んでいる。この言葉を覚えておこう。①買う権利（コール）を買う，②売る権利（プット）を買う，③買う権利（コール）を売る，④売る権利（プット）を売るの4通りのポジションがあるということになる。

オプション（コールとプット）を買う場合と，売る場合では義務と権利においてそれぞれ逆の立場になることに注意する必要がある。というのは，オプションを買った人は権利を「行使」することができる。でも，売った人はその権利の「行使」がなされた場合，その権利の行使に応える義務が発生する。その代わり，オプションを売ったわけだから，オプションの売却による収益を売る側は得ている。

だから，①～④のポジションをそれぞれさらに書き足すと，こういう具合になる。

①買う権利（コール）を買う…行使価格で買うことができる。
②売る権利（プット）を買う…行使価格で売ることができる。
③買う権利（コール）を売る…行使価格で売らなければならない（代わりにコール価格の収益を得る）。
④売る権利（プット）を売る…行使価格で買わなければならない（代わりにプット価格の収益を得る）。

これだけだと，まだ何のことかわからないかもしれない。大事なのは「損益図」を描いてどのような損益が発生することかを理解することだ。まず，**図表2-23**で示す4通りの損益パターンを形で覚えよう。

①から④まで，それぞれの損益図はすべて平行直線と45°に傾いた直線がつ

**図表2-23 ▶ オプションの4通りのポジションの損益図**

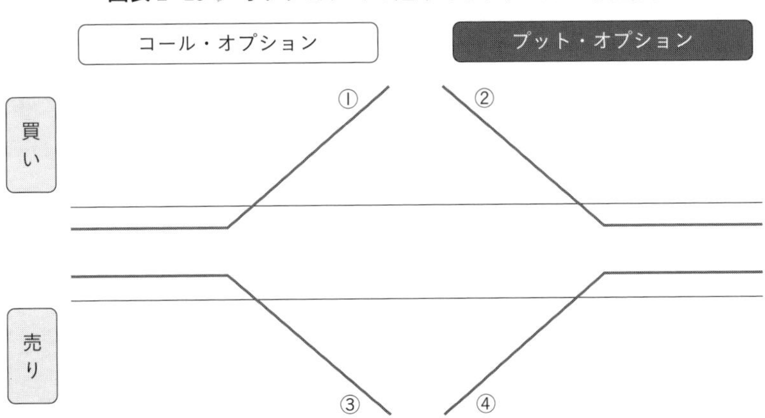

ながった形になっている。この損益図では横の軸で原資産の市場価格を示し，縦の軸で損益を表す。つまり右に行けば行くほど市場価格が高くなり，上に行けば行くほど，オプションでそれぞれのポジションをとっている人たちの収益があがるということ。もう1つ大事なのは，平行直線と45°に傾いた直線との連結点は，行使価格の位置にあたるということ。これは必ず覚えておこう。

それでは以下，①コールの買いから，**図表2-24**の損益図で原資産価格が変動した場合の損益を考えてみよう。ここではオプションの行使価格はすべて1,000円。オプション価格をコール，プットもすべて100円であると想定する。原資産はすべて株式であるとする。

まず①コールの買いのポジションにおいて，もし株価が1,200円に上がった場合を考えよう。株価が1,200円に上がるということは，株式を1,000円で買う権利（コール）を持っているなら，時価1,200円の株式を，1,000円で買う権利を行使することによって，200円安く買うことができるということだ。だけれど，①のポジションでは，コールを100円で購入しているわけだから，その費用を考慮しなければならない。つまり，株価が1,200円に上昇した場合の①の損益は$S-K-C=1{,}200-1{,}000-100=100$円ということになる。逆に株価が下がった場合のことを考えよう。株価が800円に下がった場合，①のポジションの人は，権利を行使しない。なぜなら権利は$K=1{,}000$円で買う権利だから，権利を行使したら損をしてしまうから。市場で800円の株価となっている株式を1,000円

**図表2-24 ▶ コールの買いによる損益**

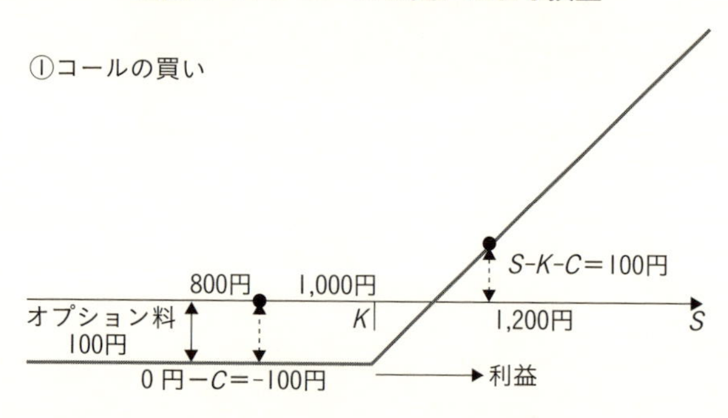

で買うようなことはけっしてしない。だから損失を被ることはないけれども，最初にコール価格100円を払っているわけだから，その分は損失となる。つまり，この場合の損益は，0円－$C$＝－100円ということになる。

次に②プットの買いのポジションの損益図を**図表2-25**で示している。まず株価が800円に下がった場合を考えよう。株価が800円に下がるということは，株式を1,000円で売る権利（プット）を持っているなら，時価800円の株式を，1,000円で売る権利を行使することによって，200円高く売ることができるということだ。でも，②のポジションでは，プットを100円で購入しているわけだから，その費用を考慮しなければならない。つまり，株価が800円に下落した場合の②の損益は$K-S-P$＝1,000－800－100＝100円ということになる。逆に株価が上がった場合のことを考えよう。株価が1,200円に上がった場合，②のポジションの人は，権利を行使しない。なぜなら権利は$K$＝1,000円で売る権利だから，権利を行使したら損をしてしまう。市場で1,200円の株価となっている株式を1,000円で売るようなことはけっしてしない。だから損失を被ることはないけれど，最初にプット価格100円を払っているわけだから，その分は損失となる。つまり，この場合の損益は，0円－$P$＝－100円ということになる。

さて，今度はオプションを売る側である。③コールの売りのポジションの損益図は**図表2-26**に示している。まず株価が1,200円に上がった場合を考えよう。株価が1,200円に上がるということは，株式を1,000円で買う権利（コール）を

**図表2-25 ▶ プットの買いによる損益**

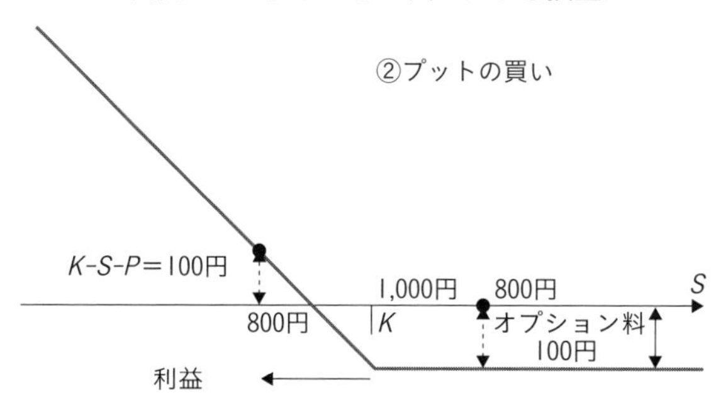

図表２-26 ▶ コールの売りによる損益

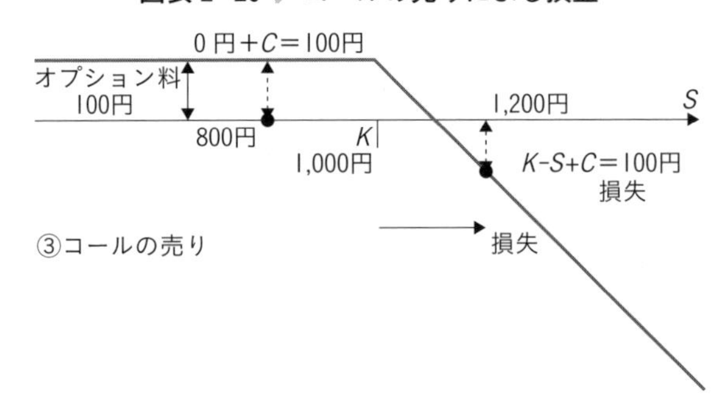


持っている人（コールを売った相手）は，時価1,200円の株式を，1,000円で買う権利を必ず行使する。権利を行使されると③のポジションでは時価1,200円の株式を1,000円で売らなければならない。つまり，200円の損失となる。でも，③のポジションでは，コールを100円で売っているわけだから，その収益も考慮しなければならない。つまり，株価が1,200円に上昇した場合の③の損益は$K-S+C=1{,}000-1{,}200+100=-100$円，つまり100円の損失ということになる。逆に株価が下がった場合のことを考えよう。株価が800円に下がった場合，コールを売った相手は，権利を行使しない。なぜなら権利は$K=1{,}000$円で買う権利だから，権利を行使したら損をしてしまうから。市場で800円の株価となっている株式を1,000円で買うようなことはしない。だから権利は行使されず，損失を被ることはない。でも最初にコールを100円で売っているわけだから，その分は収益となる。つまり，この場合の損益は，０円$+C=100$円ということになる。

さて，いよいよ最後は④プットの売りだ。損益図を**図表２-27**に示している。このポジションにおいて，もし株価が800円に下がった場合を考えよう。株価が800円に下がるということは，株式を1,000円で売る権利（プット）を持っている人（プットを売った相手）は，時価800円の株式を，1,000円で売る権利を必ず行使する。権利を行使されると④のポジションではこの株式を1,000円で買わなければならない。つまり，200円の損失となる。だけど，④のポジショ

図表 2-27 ▶ プットの売りによる損益

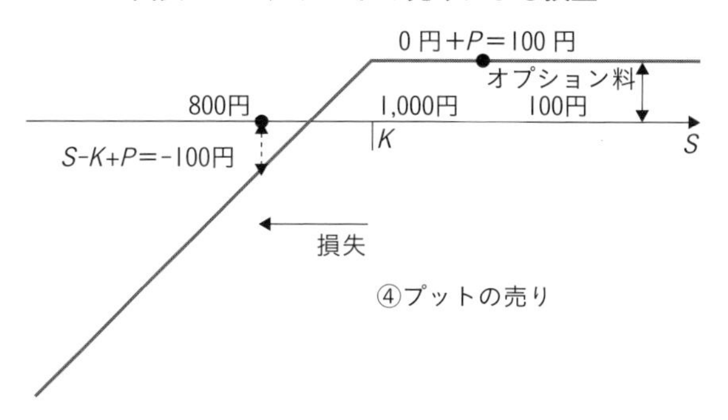


ンでは，プットを100円で売っているわけだから，その収益も考慮しなければならない。つまり，株価が800円に下落した場合の④の損益は$S-K+P=800-1{,}000+100=-100$円，つまり100円の損失ということになる。逆に株価が上がった場合のことを考えよう。株価が1,200円に上がった場合，プットを売った相手は，権利を行使しない。なぜなら権利は$K=1{,}000$円で売る権利だから，権利を行使したら損をしてしまうから。市場で1,200円の株価となっている株式を1,000円で売るようなことはしない。だから権利は行使されず，損失を被ることはない。だけど最初にコールを100円で売っているわけだから，その分は収益となる。つまり，この場合の損益は，0円$+P=100$円ということになる。

これがオプション損益図の基本。この4通りの損益パターンを組み合わせることで，さまざまなオプション戦略を作ることができる。**図表2-28**はその組み合わせの損益図を示している。例えば下記の最後から2番目の「バタフライの買い」という図は，行使価格の異なるコールの買いを2通り，それぞれ1単位ずつと，コールの売り2単位を組み合わせることでできる損益図を示している。これは相場の安定を期待する戦略で，予想がはずれて相場が大きく変動した場合のリスクを限定することができる。その他にもさまざまな組み合わせがあるが，それぞれどういう戦略なのかを考えてみてほしい。

では，オプションの価値はどのようにして決まるのだろうか。その前に4種類の損益図に現れる3通りの状態を考えてみよう。それぞれイン・ザ・マネー

**図表2-28 ▶ さまざまなオプション戦略**

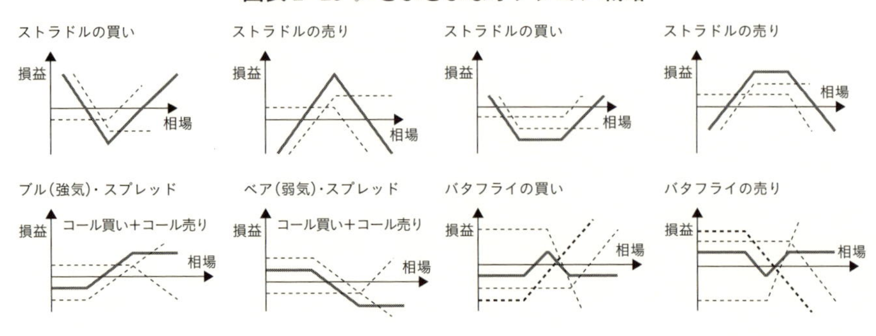


(ITM, In the Money), アット・ザ・マネー（ATM, At The Money), アウト・オブ・ザ・マネー（OTM, Out of The Money）と呼ぶ。買い（ロング）のポジションをとったときにそれぞれがどういう状態かを考えてみよう。

まずITMはコールやプットを買った人が権利を行使する場合の損益。損益図だと45°の斜線の部分。コールの買いだと行使価格より右側，プットの買いだと行使価格より左側。それぞれ原資産価格が行使価格を上回っている（下回っている）から買う権利（売る権利）を行使するわけだ。つまりITMは利益の出る状態である。次にATMは原資産価格＝行使価格となっている点。損益図でいうと45°の斜線と平行線の接点。つまりATMは損益がゼロの状態。最後はOTMだけれど，これは平行線の部分になる。コールの買いだと行使価格より左側，プットの買いだと行使価格より右側。それぞれ原資産価格が行使価格を下回っている（上回っている）から買う権利（売る権利）を行使しない。つまりOTMは損失の出ている状態。まとめると**図表2-29**になる。

少なくとも，コール，プットといずれのオプションにおいても，損益図でいうと45°の斜線部分にあたるITMのとき，オプションには価値があると考えればいい。なぜなら利益が発生するわけだから。少なくともその利益の分，そのオプションには価値がある。**図表2-30**に示しているように，この価値のことを「本源的価値」と呼ぶ。オプションの価値の基本的な部分のこと。ある意味これは行使価格次第で変わると考えてもいい。だって原資産価格$S$と行使価

図表 2-29 ▶ ITM，ATM，OTM

| IT | コールオプション | プットオプション |
|---|---|---|
| 原資産価格＞行使価格 | ITM | OTM |
| 原資産価格＝行使価格 | ATM | ATM |
| 原資産価格＜行使価格 | OTM | ITM |

図表 2-30 ▶ 本源的価値と時間的価値

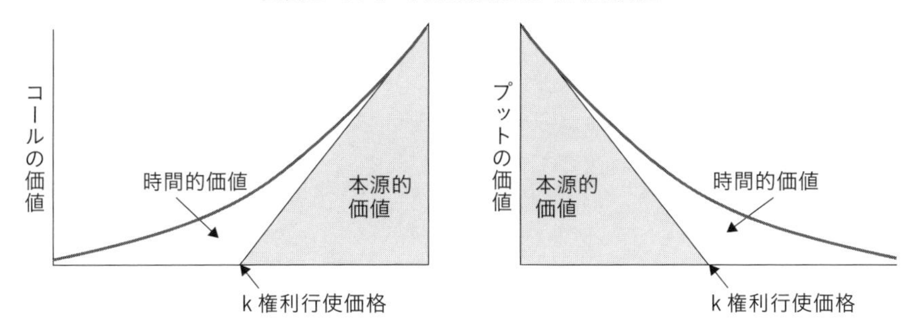


格 $K$ との差（コールの場合は $S-K$，プットの場合は $K-S$）が利益になるわけだから。

それでは他にオプションの価値が決まるにはどういう要因があるだろうか。でも，ATM や OTM のときに買っても，いずれ原資産価格が変動して利益が発生する可能性はある。なぜなら原資産の価格が変動しうるから。ただしそれは，変動するまでの十分な時間があることが１つの条件だろう。「①有効期間の長さ」，これは重要な要因だ。もう１つはたとえ時間があったとしても変動しなければ意味がない。原資産価格の値動きが激しいかどうかってこと。この変動の激しさのことを英語で Volatility（ボラティリティ）と呼んでいる。「②ボラティリティ」は価格に大きな影響を及ぼす。それからもう１つは「③短期金利」。オプションを売った側についても考えないと駄目で，彼らはオプションの買い手によって，オプションが行使された場合に備えて，原資産を準備しておく必要がある。その準備のためには借入費用，すなわち金利を負担することになる。この金利が高いと，オプションの売り手がオプションを売ることが難しくなる。そうするとオプションの価値は高くなる。

これらの時間に関わる要因が複雑にからんで，オプションの価値が決まっていく。これらのオプション価格の形成要因を時間的要因と呼ぶ，本源的価値と合わせて，オプションの価値を形成するが，図表２-30はそれを図示している。時間的価値は非常に複雑になっていて，理論価格は非常に複雑な要因が重なり合って決まる。しかし，ブラック＝ショールズ・モデルという理論モデルは，Excelに行使価格，有効期間，ボラティリティ，短期金利などを入力すれば理論価格を簡単に求められるようになっており，実務においても活用されている。

## 5-7 スワップ取引

最後はスワップ。スワップは「交換」という意味で，当事者間で価値が等しいと判断したキャッシュ・フローを一定期間，交換する取引のこと。お互いにとって都合のいいお金の流れを交換し合うというもの。

大きく分けると，①金利スワップ，②通貨スワップ，③クレジット・デリバティブがある。③のうちクレジット・デフォルト・スワップ（CDS, Credit Default Swap）は90年代後半に出現したもので市場化されている。

金利スワップは同じ通貨間の異なる種類の金利を交換するスワップのこと。異なる種類の金利というのは，多くは変動金利と固定金利のこと。変動金利は金利上昇に伴って高くなり，金利低下に伴って低下するようになっている契約の金利。住宅ローンで説明すると，金利上昇局面で変動金利での借り入れ契約をすると，その後の金利上昇に伴って住宅ローンの金利負担額が増えることになる。固定金利なら金利が上昇しても契約上の金利は変動しないから，住宅ローンの負担額は増えない。住宅ローンは長い契約のローンだから，金利が変動すると総支払額は大きく変わってくる。

具体例をみてみよう。**図表２-31**で示すように，まずＡ社がＢ行から変動金利でお金を借りる。

しかし，現在は金利上昇局面にある。変動金利のままでは今後利払い負担が増える可能性がある。そこでＡ社は**図表２-32**に示すように，別のＣ行と金

図表２-31 ▶ Ｂ行からの変動金利での借入

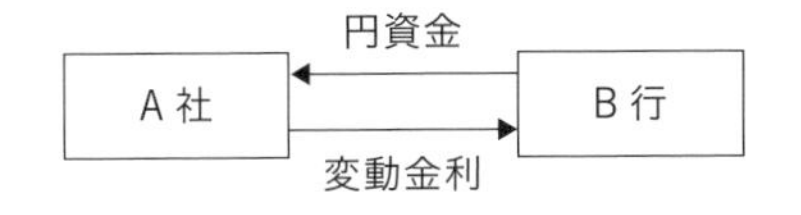


図表２-32 ▶ Ｃ行と金利スワップ契約

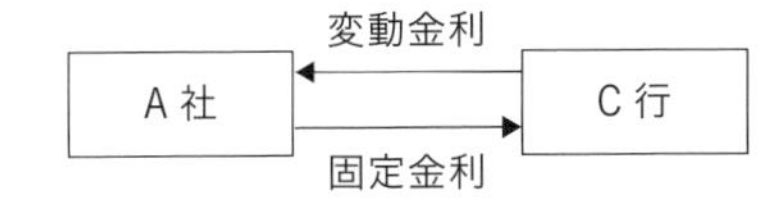


利スワップ契約を結ぶ。Ａ社とＣ社で変動金利の支払いと固定金利の支払いを交換する。

すると，どうなるか。**図表２-33**に示すように，Ａ社はＢ行への変動金利での支払額を，Ｃ行から受け取る変動金利のキャッシュ・フローで支払えばいいことになる。その代わり，Ｃ行はＡ社から固定金利のキャッシュ・フローを受け取る。

ここで大事なのは，当初のＡ社とＢ行との借入契約の元本は交換されていないということ。Ａ社はＢ行から借り入れたお金を返済していくことは変わらない。金利部分のキャッシュ・フローだけがＣ行との間で交換されているということだ。Ａ社とＣ行はこのキャッシュ・フローの交換が妥当だと判断したから，双方でスワップ契約を結んでいる。

次に通貨スワップ。これは異なる通貨間でのキャッシュ・フローの交換になるのだけれど，金利スワップと違うのは，元本も交換されるということ。

一番よく例として用いられるのは，**図表２-34**で示す1981年に世界初の通貨

図表２-33 ▶ 金利スワップにより変動金利の支払いを固定金利の支払いに

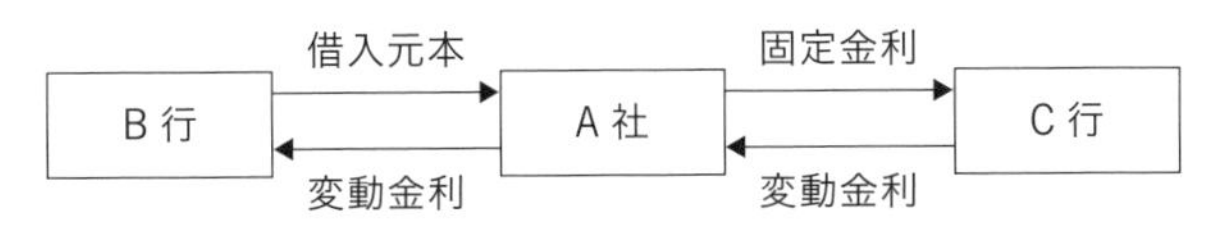

**図表2-34 ▶ 通貨スワップのしくみ**

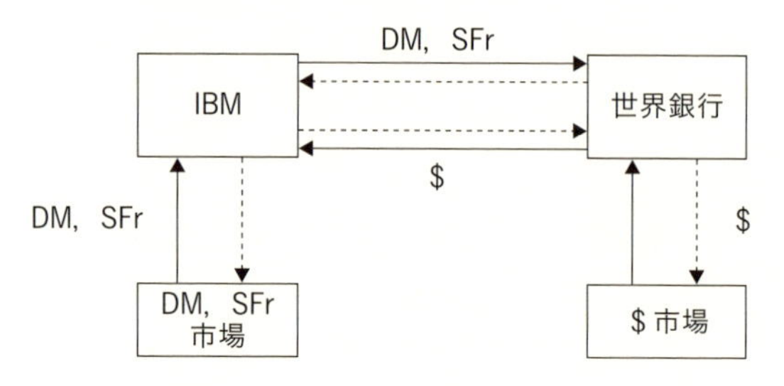


スワップとしてIBMと世界銀行が行った事例。当時IBMはドイツやスイスで，ドイツ・マルク（当時はまだユーロが導入されていなかった）やスイス・フラン建ての資金を安く調達することができた。一方，世界銀行は米ドル建ての資金を安く調達することができる。お互いの思惑が一致したので，両者は元本ならびに金利のキャッシュ・フローを交換したわけだ。

最後に90年代後半に出現して間もない，クレジット・デフォルト・スワップ（CDS)。これまでのスワップは金利の変動や為替レートの変動など，市場リスクを交換していたわけだが，クレジット・デリバティブでは信用リスクを交換する。代表的なCDSでは，**図表2-35**に示すように信用リスクを売買する。

A社はX社に対する債権を保有しているが，X社がデフォルトを起こしてしまう可能性も考えられる。信用リスクというのは，貸したお金が返ってこないなどのリスクであるから，そのリスクをプロテクト（保護）したいと考えるのは当然のこと。担保を差し入れたり，信用保証会社の保証をつけるなどの方

**図表2-35 ▶ クレジット・デフォルト・スワップのしくみ**

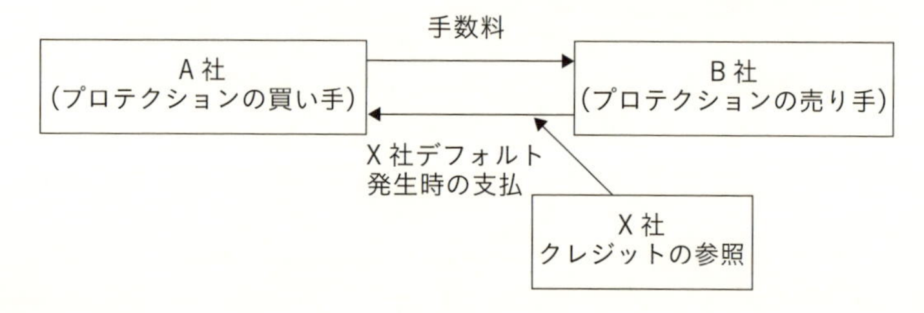

法もあるけれど，図表２-35の例ではＢ社によるデフォルト（債務不履行）時の支払いと，Ａ社がその対価にあたる手数料とを交換（スワップ）している。結果として契約は「保険」のようなものになっている。つまり，万一Ｘ社がデフォルトしてしまった場合，Ｂ社からＡ社に「保険金」が降りてくるのと，同じ仕組みになっているわけだ。

CDSはさらに市場が形成されていて，金融商品として売買されている。図表２-35の例は当事者であるＡ社がＸ社の信用リスクに関して，Ｂ社とだけ関わっているわけだけれど，CDS市場になってしまうと，Ｂ社だけではなく数多くの第三者が，信用リスクに対するプロテクションを売買し，市場で価格を形成することになる。

CDSの価格はスプレッド（金利差）で表すのだけれど，Ｘ社の経営が危なくなると，Ｘ社のCDSスプレッドは拡大し，Ｘ社の経営が安定すると，Ｘ社のCDSスプレッドの縮小することになる。おおむね株価とは反対側に動いていくと考えればいい。ちょっと悪いことが起こると，CDSスプレッドは一気に拡大することもある。例えば**図表２-36**のチャート。東京電力のCDSスプレッドは2011年３月11日に大きく拡大している。

**図表２-36 ▶ 東京電力CDSスプレッド**

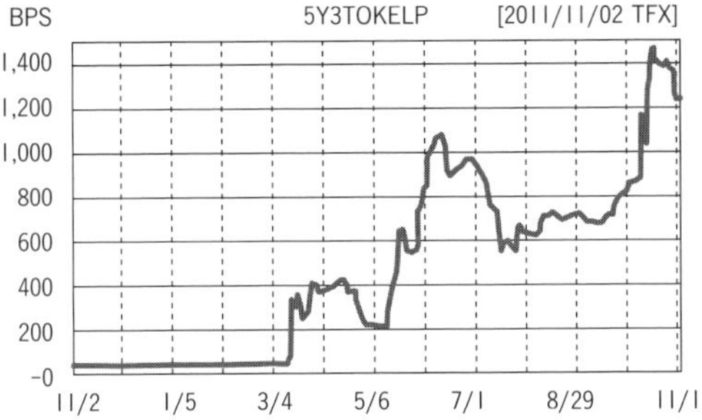

BPS　5Y3TOKELP　[2011/11/02 TFX]

1,400 / 1,200 / 1,000 / 800 / 600 / 400 / 200 / -0

11/2　1/5　3/4　5/6　7/1　8/29　11/1

出所：東京金融取引所。

# 第3章

# ファイナンスの理論

## Points

モダン・ポートフォリオ理論とその発展型であるCAPMを中心としてファイナンスの理論は大きく発展していった。さらに実践的な投資手法に基づく知見やその他の理論がその弱点を補完している。

# 1 モダン・ポートフォリオ理論

## 1-1 ポートフォリオのリスクのおさらい

さて，この第3章第1節で述べることは，主にハリー・マーコウィッツのポートフォリオ理論に基づいている。1952年にマーコウィッツがシカゴ大学の博士論文として書いた「ポートフォリオ理論」は，モダン・ポートフォリオ理論の出発点となった。モダン・ポートフォリオ理論（Modern Portfolio Theory）とは，金融資産への投資比率（ポートフォリオ）を決定するための一連の理論のことである。ポートフォリオとは，運用資金を多様な金融資産に振り分けた場合の構成比率や中身のことを指す。マーコウィッツは運用資金をさまざまな金融資産に分散して投資することが望ましいと結論づけている。

分散投資は古くから投資の知恵として知られているようなもので，特に小難しい内容ではない。「複数の卵を同じカゴに入れるな（"Don't put all your eggs in one basket."）」という諺は分散投資を端的に言い表している。すなわち，卵を1つのカゴに入れると，そのカゴを落としてしまった場合に，すべての卵が割れてしまう恐れがあるが，複数のカゴに分けて卵を盛っておけば，そのうちの1つのカゴを落としカゴの卵が割れて駄目になったとしても，他のカゴの卵は影響を受けずにすむという意味である。

それが実際の投資において，どのような数式的な表現で示されるのかを，この章ではじっくりとみていこう。この章では特に第1章第3節「リスクとリスクに対する態度」で学んだ内容がもう一度出てくる。第1章第3節をもう一度読んだ上で，この章の節の内容をきちんと理解すれば，ああそうだったのかと話がよりつながることだろう。難しい数式は使わない。面倒な箇所は図やグラフで視覚的に説明する。

第3章第2節ではCAPM（Capital Asset Pricing Model）と呼ばれるファイナンスを代表する理論が登場する。モダン・ポートフォリオ理論の1つの到達点といえる重要な理論で，ファイナンスの教科書には必ず書かれている理論だ。その理論を学ぶにはマーコウィッツのポートフォリオ理論を知っておく必要がある。

まずはおさらいから。第１章第３節で２つの証券を組み合わせたポートフォリオのリスクを求める数式を示した。ここではしばらく「おさらい」を続ける。Ａの投資比率を $W_A$，証券Ｂの投資比率を $W_B$ とすると，ポートフォリオ全体の分散（$\sigma_p^2$，シグマ）は下記のように表された。

$$\sigma_p{}^2 = W_A{}^2 \times \sigma_A{}^2 + W_B{}^2 \times \sigma_B{}^2 + W_C{}^2 \times \sigma_C{}^2 + 2 \times W_A \times W_B \times \sigma_{AB} \quad ①$$

この式は中学生のときに習った，文字式の展開の公式によく似ているから覚えやすい。

$$(x+y)^2 = x^2 + 2xy + y^2 \quad ②$$

①と②では第２項と第３項の順番は逆になっているけれど，①の第１項と第３項（②の第１項と第３項）は文字式を２乗したものだし，①の第３項（②の第２項）は２と文字式を掛け合わせたものだ。ただし②は $2xy$ だけど，①は $2W_AW_B\sigma_{AB}$ になっている。

この $\sigma_{AB}$ は共分散といわれる値で，証券Ａと証券Ｂの相性を示す値だった。$\sigma_{AB}$ が正の数（＞０）だと，証券Ａと証券Ｂが同じ方向に動く傾向があるのに対し，$\sigma_{AB}$ が負の数（＜０）だと，証券Ａと証券Ｂが逆の方向に動く傾向がある。例えば円安のときに株価が高くなる傾向のある銘柄（例えばトヨタ株など）と，円高になると株価が高くなる傾向のある銘柄（例えばニトリ株など）の共分散は負の数になる。

共分散はそれがどのくらいの傾向なのかを示していないので，その程度を知りたいときは相関係数 $\rho_{AB}$（ロー）を求める。相関係数 $\rho_{AB}$ は－１と１の間の値をとる。一番大きい１の場合，証券Ａと証券Ｂはまったく同じ動きをするけれど，一番小さい－1の場合，証券Aと証券Bはまったく逆の動きをする。その間の値は1と－1のどちらに近いかで度合いが示される。共分散（$\sigma_{AB}$）だとその範囲に収まらないから，他の2証券の場合と比較ができない。共分散を正規化することによって，1と－1の範囲の中に当てはめたのが相関係数$\rho_{AB}$である。相関係数は証券Aと証券Bのそれぞれの標準偏差（$\sigma_A$，$\sigma_B$）で割って求める。つまり，

$$\rho_{AB}=\frac{\sigma_{AB}}{\sigma_A\times\sigma_B} \qquad ③$$

③を変形すると，

$$\sigma_{AB}=\rho_{AB}\times\sigma_A\times\sigma_B \qquad ③'$$

の関係になる。③' 式から①式も次のように変形できる。

$$\sigma_p^2=W_A^2\times\sigma_A^2+W_B^2\times\sigma_B^2+2\times W_A\times W_B\times\sigma_A\times\sigma_B\times\rho_{AB} \qquad ①'$$

この式の左辺が示す，ポートフォリオのリスク（分散，$\sigma_p^2$）は，「偏差の2乗の加重平均値（期待値）」であることから，以下のように式を代入していくと，最終的に①'式が導かれる。少しややこしいが参考までに。①と①' 式は必ず覚えておこう。

$$\begin{aligned}\sigma_p^2&=E[\{R_p-E(R_p)\}^2]\\&=E[\{W_AR_A+W_BR_B-W_AE(R_A)-W_BE(R_B)\}^2]\\&=E[\{W_A(R_A-E(R_A))+W_A(R_A-E(R_A))\}^2]\\&=E[\{W_A^2(R_A-E(R_A))^2+W_B^2(R_B-E(R_B))^2\\&\quad+2W_AW_BE(R_A-E(R_A))(R_B-E(R_B))\}]\end{aligned}$$

$$
\begin{aligned}
&= W_A{}^2 E((R_A - E(R_A))^2) + W_B{}^2 E((R_B - E(R_B))^2) \\
&\quad + 2W_A W_B E((R_A - E(R_A))(R_B - E(R_B))) \\
&= W_A{}^2 \sigma_A{}^2 + W_B{}^2 \sigma_B{}^2 + 2W_A W_B \sigma_{AB} \\
&= W_A{}^2 \sigma_A{}^2 + W_B{}^2 \sigma_B{}^2 + 2W_A W_B \rho_{AB} \sigma_A \sigma_B
\end{aligned}
$$

さて，2つの証券を組み入れただけでは，ポートフォリオによる分散投資とはいい難い。もっとたくさんの証券を組み入れたら，どうなるのだろう。第1章第3節でも述べたように，一般的にはたくさんの証券を組み入れれば組み入れるほど，分散効果が働いて，リスクは低下していく。①式では証券が逆の方向に動く傾向があるなら（$\sigma_{AB}$ が負の値なら），第3項がマイナスになるから（2も，$W_A$ も $W_B$ も正の値だから，$\sigma_{AB}$ が負の値だったら，第3項は負の値になり，ポートフォリオのリスクが低下することになる。

これが3つの証券のポートフォリオ（証券Cを加える）だったら，ポートフォリオ全体のリスク（分散）は次のように表される。

$$
\begin{aligned}
\sigma_p{}^2 = & W_A{}^2 \times \sigma_A{}^2 + W_B{}^2 \times \sigma_B{}^2 + W_C{}^2 \times \sigma_C{}^2 \\
& + 2 \times W_A \times W_B \times \sigma_{BC} \\
& + 2 \times W_A \times W_C \times \sigma_{AC} \\
& + 2 \times W_B \times W_C \times \sigma_{BC} \qquad ④
\end{aligned}
$$

さらに4証券（証券Dを加える）だと，

$$
\begin{aligned}
\sigma_p{}^2 = & W_A{}^2 \times \sigma_A{}^2 + W_B{}^2 \times \sigma_B{}^2 + W_C{}^2 \times \sigma_C{}^2 + W_D{}^2 \times \sigma_D{}^2 + 2 \times W_A \times W_B \times \sigma_{AB} \\
& + 2 \times W_A \times W_C \times \sigma_{AC} \\
& + 2 \times W_A \times W_D \times \sigma_{AD} \\
& + 2 \times W_B \times W_C \times \sigma_{BC} \\
& + 2 \times W_B \times W_D \times \sigma_{BD} \\
& + 2 \times W_C \times W_D \times \sigma_{CD} \qquad ⑤
\end{aligned}
$$

というようにどんどん項の数が増えていく。①の第３項（$2 \times W_A \times W_B \times \sigma_{AB}$）にあたる共分散を含む項が増えていくから，共分散に負の値である項も増える可能性が高くなる。その分，分散効果が強く働くことになる。

証券の数を増やせば増やすほど，分散効果が働いてポートフォリオのリスクが低下していく。しかし，リスクが完全になくなってしまうことはない。イメージを描くとこんな感じだ（**図表３－１**）。

この図は横軸が銘柄数，縦軸がリスクの大きさを示している。銘柄数を増やしていけばいくほど，非システマティック・リスクがどんどん小さくなっていく。だけれど，システマティック・リスクは分散効果によって減少することはない。だから銘柄数を増やしていっても，総リスクはあるところでこれ以上低下しなくなってしまう。

また，ファイナンスの世界では「無リスク利子率（Risk Free Rate）」という概念もある。株式や債券なとのリスク性資産については，当然リスクがあるわけだけれど，リスクのない資産があって，その資産の期待リターンが「無リスク利子率」と呼んでいる。まったくリスクのない証券なんてありえないと思うのだけれど，ファイナンスの世界ではこの仮定をおいている。この「無リスク利子率」はあとで重要になっていくので，この仮定をとりあえずは頭の中に入れておいてほしい。

**図表３－１ ▶ リスクの分散（図表１-18再掲）**

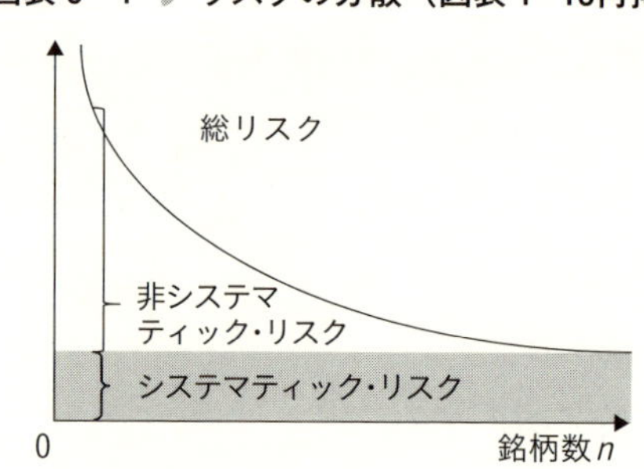

## 1-2 期待リターンとリスクの組み合わせ

ここで2社（C社とD社）の株式が今後10期にわたって**図表3-2**で示す期待リターンを実現すると仮定する。この期待リターンは適当に決めたものだ。今後10期の期待リターンの平均をとると，C社の株式は11.20%，D社の株式は27.54%である。D社の株式のほうがC社の株式よりも，期待リターンは高くなっている。また，リスクを求めると，C社の株式の分散（$\sigma^2_C$）は0.052，標準偏差は（$\sigma_C$）は0.228であるのに対し，D社の株式の分散（$\sigma^2_D$）は0.110，標準偏差は（$\sigma_D$）は0.332である。株式はリスクのある証券であり，リスクの高い株式のほうが期待リターンも高い傾向にある。両社の場合D社の株式のほうがハイ・リスクとなっている。D社の株式のほうがハイ・リスク・ハイ・リターンの銘柄だ。

また，両株式の共分散（$\sigma_{CD}$）ならびに，相関係数（$\rho_{CD}$）も求めることができる。**図表3-3**は両株式の共分散と相関係数の値を示している。共分散

**図表3-2 ▶ 2社の株式の期待リターン（$E(R_C)$，$E(R_D)$）とリスク（$\sigma^2_C$，$\sigma^2_D$）**

| 年度 | C社 | D社 | C社の偏差(C) | D社の偏差(D) | (C)の2乗 | (D)の2乗 |
|---|---|---|---|---|---|---|
| 1期 | −5.80% | −32.20% | −17.00% | −59.74% | 0.0289 | 0.3569 |
| 2期 | −22.74% | 41.00% | −33.94% | 13.46% | 0.1152 | 0.0181 |
| 3期 | −7.24% | −21.22% | −18.44% | −48.76% | 0.0340 | 0.2377 |
| 4期 | −14.04% | 18.95% | −25.24% | −8.59% | 0.0637 | 0.0074 |
| 5期 | 5.50% | 80.22% | −5.70% | 52.68% | 0.0032 | 0.2775 |
| 6期 | 27.43% | 36.33% | 16.23% | 8.79% | 0.0263 | 0.0077 |
| 7期 | 42.45% | 70.01% | 31.25% | 42.47% | 0.0977 | 0.1804 |
| 8期 | 48.29% | 28.34% | 37.09% | 0.80% | 0.1376 | 0.0001 |
| 9期 | 19.70% | 35.55% | 8.50% | 8.01% | 0.0072 | 0.0064 |
| 10期 | 18.45% | 18.40% | 7.25% | −9.14% | 0.0053 | 0.0084 |
| 期待リターン $E(R_C)$，$E(R_D)$ | 11.20% | 27.54% | | 分散 $\sigma^2_C$，$\sigma^2_D$ | 0.052 | 0.110 |
| | | | | 標準偏差 $\sigma_C$，$\sigma_D$ | 0.228 | 0.332 |

**図表3-3 ▶ 2社の株式の共分散（$\sigma_{CD}$）と相関係数（$\rho_{CD}$）**

| 年度 | C社 | D社 | C社の偏差(C) | D社の偏差(D) | (C)×(D) |
|---|---|---|---|---|---|
| 1期 | −5.80% | −32.20% | −17.00% | −59.74% | 0.101555 |
| 2期 | −22.74% | 41.00% | −33.94% | 13.46% | −0.045690 |
| 3期 | −7.24% | −21.22% | −18.44% | −48.76% | 0.089910 |
| 4期 | −14.04% | 18.95% | −25.24% | −8.59% | 0.021676 |
| 5期 | 5.50% | 80.22% | −5.70% | 52.68% | −0.030029 |
| 6期 | 27.43% | 36.33% | 16.23% | 8.79% | 0.014269 |
| 7期 | 42.45% | 70.01% | 31.25% | 42.47% | 0.132725 |
| 8期 | 48.29% | 28.34% | 37.09% | 0.80% | 0.002975 |
| 9期 | 19.70% | 35.55% | 8.50% | 8.01% | 0.006810 |
| 10期 | 18.45% | 18.40% | 7.25% | −9.14% | −0.006625 |
| 期待リターン $E(R_C)$，$E(R_D)$ | 11.20% | 27.54% | | 共分散$\sigma_{CD}$ | 0.029 |
| | | | | 相関係数$\rho_{CD}$ | 0.381 |

（$\sigma_{CD}$）は0.029，相関係数（$\rho_{CD}$）は0.381だから，２社の株式には弱い正の相関があることがわかる。

では，この２社の株式を組み合わせたらリスクとリターンはどうなるだろう。10%きざみで２社の株式を組み合わせていき，座標にとる。横軸にポートフォリオのリスク（$\sigma_P$，標準偏差），縦軸に期待リターン（$E(R_P)$）をとったのが**図表3-4**だ。

Ｄ社の株式を多く組み入れれば組み入れるほど，期待リターン（$E(R_P)$）は高くなっていく。Ｃ社の株式を100%組み入れたポートフォリオの期待リターン（$E(R_P)$）は11.20%だが，Ｄ社の株式100%組み入れたポートフォリオの期待リターン（$E(R_P)$）は27.54%になっている。

２社の株式を組み入れたポートフォリオの期待リターン（$E(R_P)$）は，Ｄ社株式の組み入れ比率に比例して増えていくわけだけれど，ポートフォリオのリスク（標準偏差$\sigma_P$）については，単純に比例しているわけではない。というのは，Ｃ社を80%，Ｄ社を20%組み入れたポートフォリオの標準偏差（$\sigma_P$）が

**図表3－4 ▶ 2社の株式の組入比率と座標**

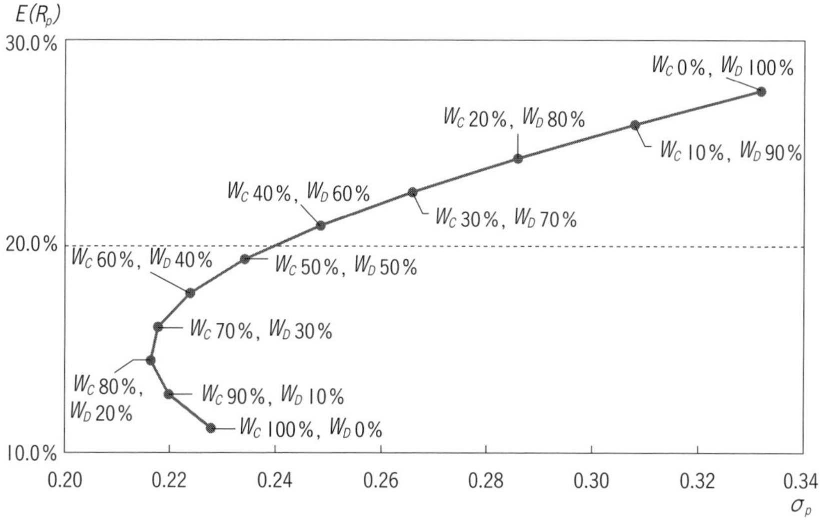

0.216と最も低くなっているからだ。C社を100%組み入れたポートフォリオならポートフォリオの標準偏差（$\sigma_P$）は0.228，またD社を100%組み入れたポートフォリオの標準偏差（$\sigma_P$）は0.332となっている。ポートフォリオのリスク（標準偏差 $\sigma_P$）を横軸，期待リターン（$E(R_P)$）を縦軸にして，各証券を組み入れ比率10%きざみで構成するポートフォリオの座標の点を線でつなげていくと，D社株式の組み入れ比率を上げていけばいくほど，期待リターン（$E(R_P)$）は高くなっていく。しかし，リスク（標準偏差 $\sigma_P$）については，相対的にリスクの高いD社の株式の組み入れ比率を増やしていくと，ポートフォリオのリスクは一旦低下した後に，だんだんと高くなっていくことがわかる。

どの組み合わせを選ぶかは，投資家の判断次第だが，投資家がリスク回避的であるとするならば，C社の株式を80%より高くした組み合わせのポートフォリオを選択することはないだろう。

というのは，例えばC社株式90%，D社株式10%組み入れたポートフォリオの場合，C社株式80%，D社株式20%組み入れたポートフォリオに比べて，期待リターンは低いのに（14.5％に対して12.8％），リスク（標準偏差 $\sigma_P$）については高くなってしまっているからだ（0.216に対して0.220）。リスク回避的な投資家は，同じリターンならリスクが小さいものを好む傾向（リスクに対してリスク・プレミアムを求める傾向）があるから，これらの組み合わせを選ぶことはない。それ以外の組み合わせについては，投資家のリスク回避の度合いによる。リスクを低くすることを優先させれば，C社株式80％，D社株式20％組み入れたポートフォリオに近いものを選ぶし，期待リターンの高さを優先するならば，D社株式を100％組み入れたポートフォリオに近いものを選ぶ。投資家のリスク回避度は，投資家によっても違うだろうし，同じ投資家でも時期によって変わる。

これらのポートフォリオの共分散（$\sigma_{CD}$）ならびに相関係数（$\rho_{CD}$）は，期待リターンを適当に設定したことによって，自動的に決まる。２つの株式の変化の方向がどの程度同じものであるか（逆のものであるか）を示す相関係数は，期待リターンを使って計算すれば求められるからだ。実際にはこの２つの証券

**図表３-５ ▶ ρが変わる場合の分散効果**

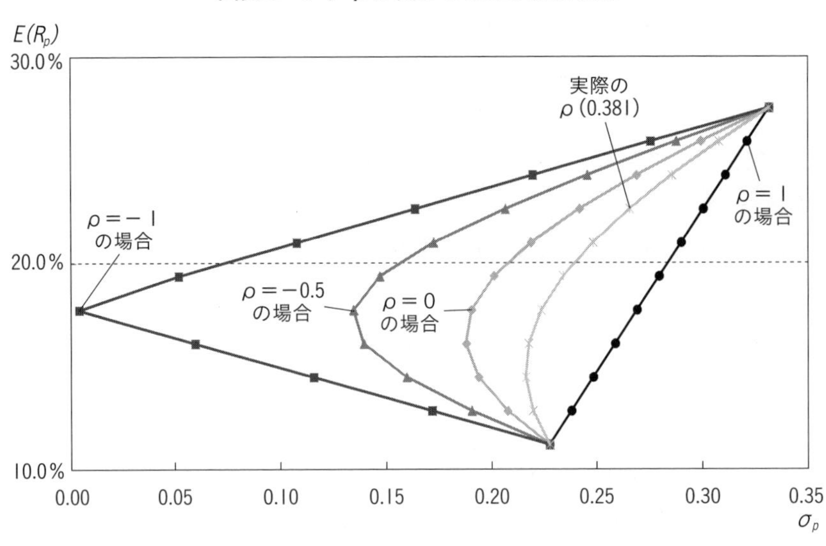

の相関係数は0.381で変わらない。しかし，ここでは相関係数が－１から１の間で変動するものとしよう。そうすると**図表３－５**のようなグラフでリスク（横軸）と期待リターン（縦軸）の関係が示されるようになる。

なんだか弓の弦を左側に引っ張っていったかのような形だ。左に大きく引っ張っている曲線ほど，相関係数（$\rho_{CD}$）は小さい。相関係数（$\rho_{CD}$）が最小値－１をとるときは，特にＣ社株式60%，Ｄ社株式40%組み入れたポートフォリオでは，リスク（標準偏差$\sigma_P$）がほぼゼロ（0.004）になってしまう。一方，相関係数（$\rho_{CD}$）が最大値１をとるときは，弓の弦が左側に引っ張られることはなく，座標をつなぎ合わせると線分になっている。この場合，分散効果は働かず，ポートフォリオのリスク（標準偏差 $\sigma_P$）はＣ社の株式とＤ社株式の組み入れ比率に応じて，0.228（Ｃ社の株式を100%組み入れた場合の標準偏差$\sigma_{CD}$）から0.332（Ｄ社の株式を100%組み入れた場合の標準偏差 $\sigma_{CD}$）までの値をとるだけである。相関係数（$\rho_{CD}$）が0.381である場合を示す，右から２番目の線が実際のＣ社の株式とＤ社の株式の組み合わせの線であるけれど，この２証券の組み合わせによる実際の分散効果はこの程度にとどまっているということになる。くどいようだがもう一度断っておくと，実際にはこの２証券のポートフォリオの相関係数（$\rho_{CD}$）は0.381で変化することはない。Ｃ社株式80%，Ｄ社株式20%の組み合わせが最もリスクの低いポートフォリオ（$\sigma_p=$ 0.216）となる。

## 1－3 効率的フロンティアと効用無差別曲線

リスクのある証券（リスク証券）の数を増やしていくと，ポートフォリオの組み合わせの数は無数にあることになるが，一般的にポートフォリオの分散効果が高まって，一定程度までリスクが低下していくことは図表３－１で示した。証券数を増やしていくということは，さまざまな種類のリスクと期待リターンの組み合わせのバリエーションが広がっていくということだ。組み入れる証券の数を増やしていく（つまりポートフォリオの種類を増やしていく）と，ポートフォリオのリスクと期待リターンの関係はどうなっていくのだろうか。

**図表3-6 ▶リスクとリターンの組み合わせの集合**

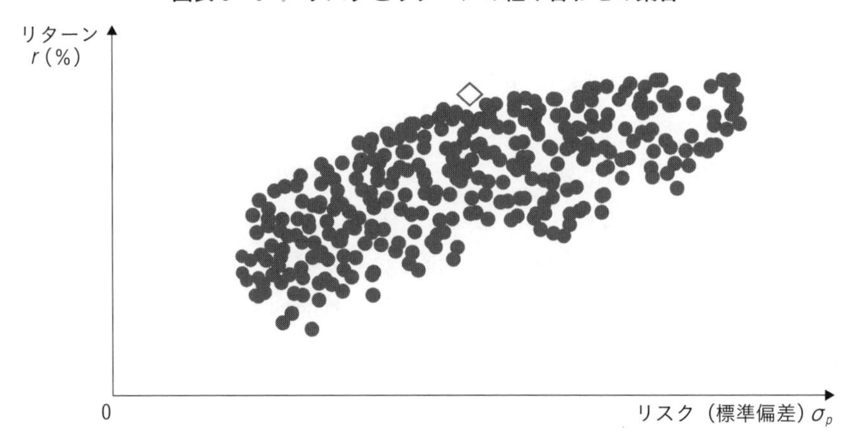


**図表3-7 ▶リスクとリターンの組み合わせの集合(外枠)**

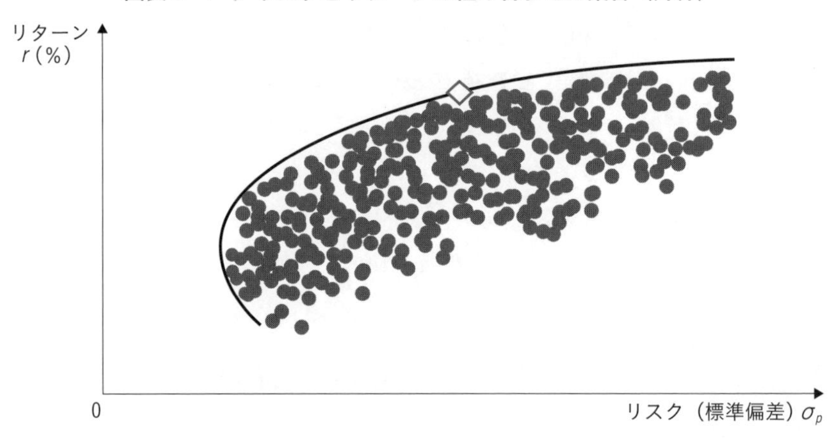


**図表3-6**はあくまでイメージ図ではあるが，証券数を増やして，さまざまなポートフォリオを作っていくと，リスク（標準偏差 $\sigma_P$）と期待リターン（$E(R_P)$）の組み合わせのバリエーションが広がっていくことは確認できる。しかし，意外と選択の範囲も無限ではなく，突出するほどの高い（低い）期待リターンとか，リスクが実現できるわけではない。四角の白抜きの点は望ましいと考えるリスク（標準偏差 $\sigma_P$）と期待リターン（$E(R_P)$）の組み合わせであ

図表3-8 ▶N証券の場合の効率的フロンティア

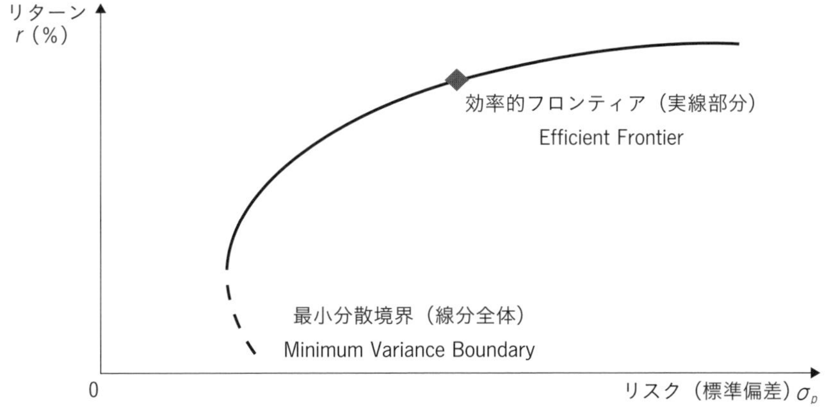

るとする。この点で埋められた形に外枠をつけると**図表3-7**のようになる。

この枠の形は図表3-4で示した2証券（C社とD社の株式）における，さまざまな比率での組み合わせによるポートフォリオのリスクと期待リターンの関係性を示した図の形によく似ている。ほとんどの部分で期待リターンが高まるにつれて，リスクも高くなっていく傾向にあることがわかるが，ある部分では期待リターンが高くなるにつれて，リスクは低下している。

もう1つ，この図からわかる大事なことを言っておかなければならない。それは，黒い線上にもポートフォリオの組み合わせは無数にあるわけだけれど，リスク回避的な投資家は，この枠線上にない点はすべて無視する。なぜならその線上の点はリスク（標準偏差 $\sigma_P$）が最小の組み合わせの集合で構成される境界線であるから。この線上の点は同じリターンでリスクが最小の点の集合（同じリターンで最も左側にある点の集合）であることがわかる。この枠線（**図表3-8**の点線部も含めた線分全体）のことを，「最小分散境界（Minimum Variance Boundary)」と呼んでいる。

さらにいうなら，点線の部分も無視できる。この点線部は曲線が反り返っている部分で，期待リターン（$E(R_P)$）が高くなるにつれてリスク（標準偏差 $\sigma_P$）は低下している。点線上の点は期待リターン（$E(R_P)$）が低い上に，リスク（標

図表3－9 ▶ 効率的フロンティア

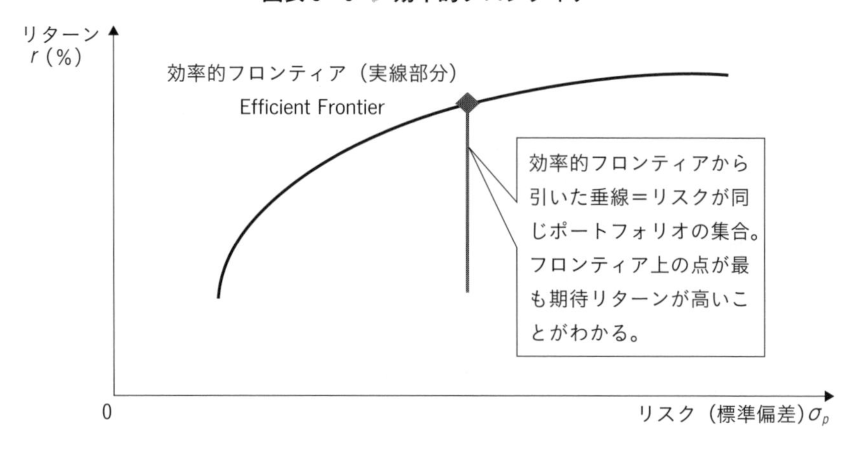


図表3－10 ▶ リスク回避者の効用無差別曲線

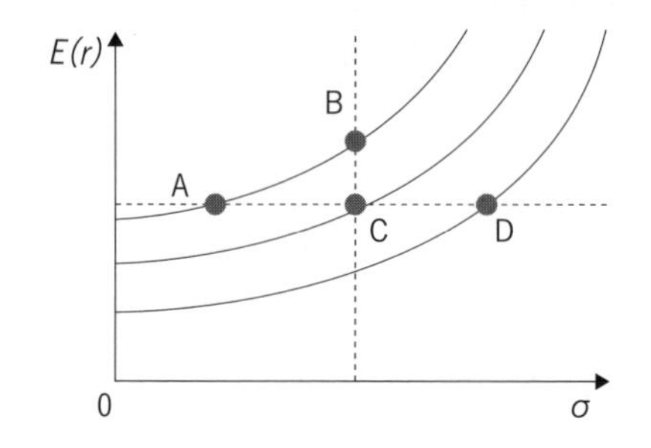


準偏差 $\sigma_P$）も最小とは言えないということだ。だから，この点線部分は図から切ってしまってもいい。切り落とされた後に残った実線部分のことを，効率的フロンティア（Efficient Frontier）と呼んでいる。この線上にある点は，すべて同じリターンではリスクが最小に，同じリスクではリターンが最大になるような組み合わせのポートフォリオだ。

**図表3－9**のように，効率的フロンティアから垂線を下ろしてみればいい。この垂線は同じリスクであるポートフォリオの集合である。その中で最も高い期待リターンを持つのは四角い点だ。リスク回避的な態度の投資家なら，効率的フロンティアより下にある，垂線上のポートフォリオを選ばない。迷わず実

線上の四角の点を選ぶだろう。

さて，かなりポートフォリオが限られてきたが，この効率的フロンティア上にある点の集合の中から，投資家はどの組み合わせを選べばいいのだろうか。

ここで，効用無差別曲線（Utility Indifference Curves）のことを思い出してほしい。第１章３－６「リスクに対する態度」で説明した曲線だ。「効用無差別曲線」の，「効用」とはこの場合，投資家の満足度のことを示しており，投資家が満足度として等しく感じるリスクとリターンの組み合わせを数本の曲線で示している。

リスク回避者である投資家が選ぶリターンとリスクの組み合わせは，**図表3-10**のような曲線になる。これらの曲線は，左上方にあるほど満足度（効用）が高くなる。なぜなら左上方にあるほど，リスク水準が低くてリターンが高くなるから。

図表３-10の座標で示したＡ～Ｄの証券の場合，リスク回避的な投資家はまずＡとＢを同等と考えて，この２証券を最も投資したい組み合わせと考える。それはＡとＢがともに最も左上にある効用無差別曲線の線上にあるからだ。続いてＣ，最後にＤの順番だ。効用無差別曲線の左上方から順番に優先順位が示されることになる。

**図表３-11 ▶ リスク回避者の効用無差別曲線と効率的フロンティアの接点**

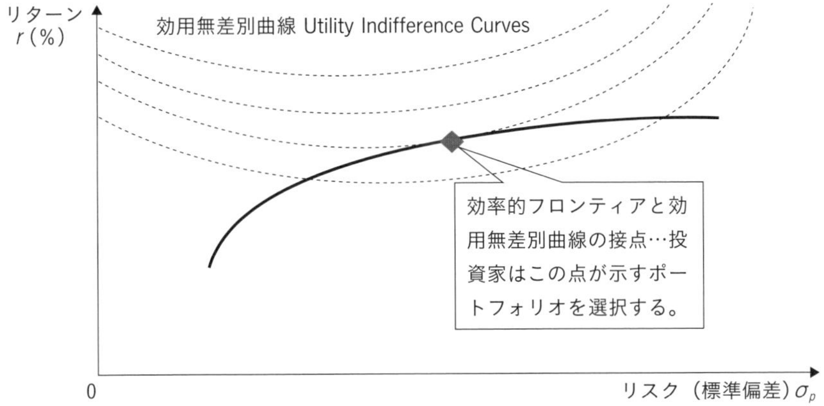

ここでの効用無差別曲線は，リスク回避者の効用無差別曲線なのだけれど，他にリスク中立者やリスク愛好家というタイプがいたことも覚えているだろうか。リスク回避者は同じ期待リターンなら最もリスクの低い金融商品を選び，リスクをとるならより高い期待リターンの金融商品を選ぶ合理的な行動をとるけれど，リスク中立者はリスクに対してまったく無関心だし，リスク愛好者はギャンブル依存症のようにリスクを追いかけることが自己目的化してしまっている。

しかし，モダン・ポートフォリオ理論では，すべての投資家が「リスク回避的な投資家である」という仮定を置いている。効用無差別曲線は左下でカーブする曲線の形となる。では，効用無差別曲線を効率的フロンティアが記された座標軸上に描いてみよう。

**図表3-11**では右下から２番目の曲線が効率的フロンティアと接点を持つ。接点というのは，この効率的フロンティア上の無数の点のうち，最も左上にある効用無差別曲線上にもある点ということだ。最も左上にある効用無差別曲線上にあるわけだから，合理的な投資家（リスク回避者）にとってはその点が最も効用（満足度）が高いということを示している。

図表３-11では四角の点がその接点になっている。この接点こそがリスク回避的な投資家が最も望ましいと考えるリスクと期待リターンの組み合わせであり，投資家はこの組み合わせの条件を満たすようなポートフォリオが構築されると考えられる。

以上がマーコウィッツによるポートフォリオ選択理論の骨子だ。

## 2 CAPM

### 2-1 CAPMの概要

CAPMはCapital Asset Pricing Model（資本資産価格モデル）の略称で，「キャップエム」と発音されることが多い。先に数式を表しておくと，次のように単純な一次関数の式になっている。

$$E(R_i)=R_f+\beta[E(R_M)-R_f] \quad ①$$

序章の第3節で学んだように，$E(R_i)$ を $Y$，$[E(R_M)-R_f]$ を $X$ に置き換えて，右辺の順番を入れ換えれば，$R_f$ が切片で，$\beta$ が傾きであることはすぐにわかるだろう。

$$Y=\beta X+R_f \quad ②$$

非常にシンプルな数式である。まずはこの数式を覚えておこう。2-2項以降ではなぜこの式が最終的に導かれるかを述べていくことになるけれど，最も大事なのはこの結論の公式。この式の簡便法を実務的に用いることも少なくないので，必ず公式を覚えておこう。その上で導出過程を考えていけばいい。この公式を覚えるのにあたってまず大事なのは，$E(R_i)$，$R_f$，$\beta$，$E(R_M)$ という変数が何を表しているかだ。

まず $R_f$ から。これはRisk Free Rateの略である。日本語では「無リスク利子率」と呼ばれる。この概念については，第2章第3節，第3章第1節でも少し触れている。

文字通り，リスクがない場合の利回りということになるけれど，実際の世界ではリスクがまったくないということはありえない。銀行の預金利回りも無リスクに近いといるかもしれないが，万一銀行が破綻した場合，普通預金や定期預金に関しては1,000万円までしか返ってこないようになっているから（ペイオフ制度），銀行の預金金利も真の無リスク利子率とはいえない。実務的には無リスク利子率として，国債の利回りを使うこともあるけれど，デフォルト（債務不履行）となった国もないわけではない。だから無リスク利子率は抽象的な利子率だと考えればいい。あくまで理論の上での「リスクをとらずに安全確実に資金運用した場合に得られる最低限のリターン」ということだ。

次に$E(R_i)$ ならびに$E(R_M)$ だが，この変数$E(R)$ が期待リターンを表すということはすでに示した（E は Expectation：期待の E)。問題はこれが何の期待リターンかということ。左辺にある$E(R_i)$ は個別のリスク証券の期待リターンを表す。i は individual（個別の）の i，である。一方，右辺にある$E(R_M)$ は市場ポートフォリオの期待リターンを表す。M は Market（市場）の M である。

市場ポートフォリオの期待リターン（$E(R_M)$）も，無リスク利子率と同様に，実際には取り扱えない抽象的な概念だ。なにせ市場ポートフォリオは，「すべてのリスク証券を市場全体の時価総額（株価×株式発行総数）における各証券の時価比率と同じ割合で保有するポートフォリオ」のことだから。要するに世界中に存在するすべてのリスク証券を対象にしているというわけで，そのような超巨大なポートフォリオの期待リターンなんて，正確に推計することはできない。

ただし，実務的には$E(R_M)$ については，TOPIX（東証株価指数）や MSCI 指数（米国の MSCI Inc. が算出・公表している株価指数）といったような株価指数の期待リターンで代用している。TOPIX は東京証券取引所に上場している全株式銘柄（2018年１月時点で2,061銘柄）の時価総額平均値だが，市場ポートフォリオの構成証券のごく一部に過ぎない。MSCI 指数には各国の株価指数などの他に世界株式指数もあるけれど，もちろんこの指数もすべてのリスク資産をカバーしているわけではない。そもそもリスク資産は株式だけではないわけだから。

ちなみに代理的な指標として，日経平均（東証１部上場の銘柄から選んだ225銘柄の平均株価）や NY ダウ（ダウ工業株30種平均）を使わないのは，いずれも一部の代表的銘柄の平均値をとっていて，TOPIX や MSCI 指数に比べて対象銘柄数が少ないからである。

さらに，X を代入して②を導いた［$E(R_M)-R_f$］の項も重要な部分だ。この項はリスク・プレミアムと呼ばれている。リスク・プレミアムについては，第１章第１，３節，第２章第１，３節でも述べたけれど，あらためて定義すると

「株式などリスクのある資産に投資する場合に，そのリスクをとることの見返りに求められる期待リターンの上乗せ分」のことだ。リスク回避的な投資家はリスクを抑えたいと考えているから，リスクをとるならその分の上乗せ（プレミアム）を求める（なお，リスク中立的な投資家はリスクに無関心だからプレミアムを一切求めない)。

①式では，そのリスク・プレミアムに，$\beta$（ベータ）というギリシャ文字の変数を掛けている。この$\beta$は非常に重要な概念であり，CAPMは個別の株式のリターンはこの$\beta$で決まるといっているようなものだ。$\beta$は市場ポートフォリオMと個別証券iの共分散（$\sigma_{iM}$）を，個別証券iの分散（$\sigma_i^2$）で割ったもので，以下の式によって表され相関係数（$\rho_{iM}$）を挿入した形で変形できる。

$$\beta = \frac{\sigma_{iM}}{\sigma_M^2} = \frac{\rho_{iM}\sigma_i}{\sigma_M} \quad ③$$

CAPMは「ベータ革命」と呼ばれるくらいに学界や実務界に大きな影響を与えた。発表後には株式銘柄のベータ・リスクの値を予想し顧客に販売する会社も増えた。CAPMが現実の市場に当てはまるとすると，あとは$\beta$値さえわかれば，無リスク利子率と市場ポートフォリオのリスク・プレミアムの推計値から，個別銘柄の期待リターンを求めることができる。煩雑なファンダメンタルズ分析などもはや要らなくなる。当時，多くの関係者が飛びついたのも理解できる。

以上のように，無リスク利子率（$R_f$），市場ポートフォリオのリスク・プレミアム（$E(R_M)-R_f$），そして$\beta$という概念が導入されることで，マーコウィッツのポートフォリオ選択理論が発展してCAPMが導出された。CAPMは複数の研究者がそれぞれ独自に開発したといわれているけれど，特にモダン・ポートフォリオ理論の先駆けとなったマーコウィッツとともに1990年にノーベル経済学賞を受賞したウィリアム・シャープの功績が大きい。

2－1項の最後にCAPMの数式を言葉で置き換えて示しておこう。

個別証券の期待リターン＝無リスク利子率
　＋$\beta$×（市場ポートフォリオの期待リターン－無リスク利子率）

あるいは，

個別証券の期待リターン＝無リスク利子率
　＋$\beta$×市場・ポートフォリオのリスク・プレミアム

これだけはちゃんと記憶しておこう。

## 2-2 》CAPMの導出①〜分離定理

さて，2-2項ではCAPMの導出過程を主に図を使って説明する。テクニカルな部分もあるので，わかりにくければ読みとばしてもらっても構わない。

CAPMというシンプルなモデル式が成り立つためには，かなり厳しい制約条件が必要となる。まずその条件をまとめてみよう。

(1) 完全な競争市場の存在…多数の投資家が，プライス・テイカー（自ら価格を決定するわけではなく，市場で決定した価格を受け入れて売買する投資家）として市場に存在。
(2) 合理的な投資家…すべての投資家がリスク回避的な投資行動をとる。
(3) 期待の同質性…すべての投資家が個別の証券の期待リターンおよびその散らばり具合（リスク）に関して，同じ期待を持つ。
(4) 無リスク証券の存在…市場に無リスク証券が存在していて，投資家はその利回りで無制限に資金の貸借が可能。
(5) 摩擦のない証券市場…証券を売買するための取引コストや税金は存在しない。投資家は無制限にカラ売りできる。

第3章の第1節ではマーコウィッツのポートフォリオ選択理論をまとめたが，CAPMもその続きから始まる。**図表3-12**に示すように，効率的フロンティアと無差別効用曲線の接点を求めることで，投資家が望むポートフォリオのリ

**図表 3-12 ▶ リスク回避者の効用無差別曲線と効率的フロンティアとの接点**

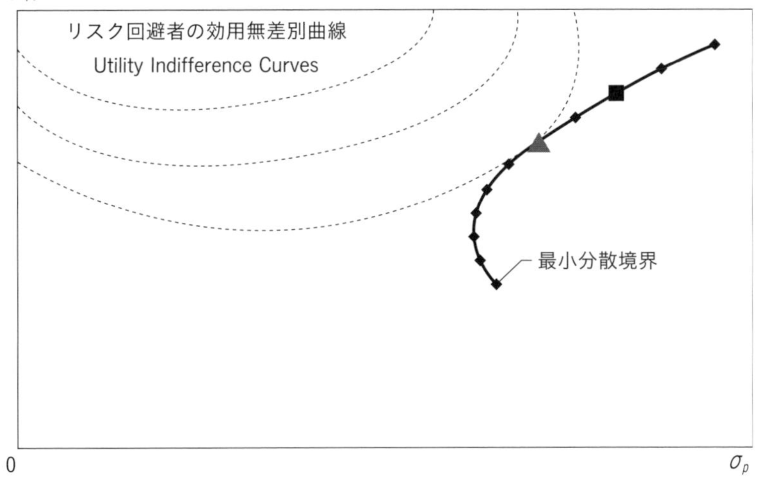


スクと期待リターンの組み合わせを求めることができた。

効用無差別曲線の形状次第で，効率的フロンティア上で選択するポートフォリオは変わっていくだろうけれど，接点を求めればいいわけだから，とりあえずは計算して選択することができるようになった。しかし，曲線同士の接点を求めるのは簡単ではないし，効用無差別曲線もそのために処理しやすい数式にして単純化しておく必要がある。図では簡単に接点を描くことはできても，数値的処理は容易ではない。

ここで，無リスク証券の概念を導入する。そうすると事態は一変する。無リスク利子率のリターン（$R_f$）が上の図のどこに位置づけられるかというと，CAPM の式では切片であったことからもわかるように，縦軸上に位置する。リスクがゼロで利回りが $R_f$ の座標の点だ。この無リスク証券を，リスク証券だけを組み入れた最小分散境界（効率的フロンティア）上にあるポートフォリオに組み入れると，組入後のポートフォリオのリスクと期待リターンはどうなるだろうか。

実は，無リスク証券を組み入れたポートフォリオのリスクと期待リターンの

**図表３-13 ▶ 最小分散境界上のリスク資産のポートフォリオと無リスク資産の組み合わせ**

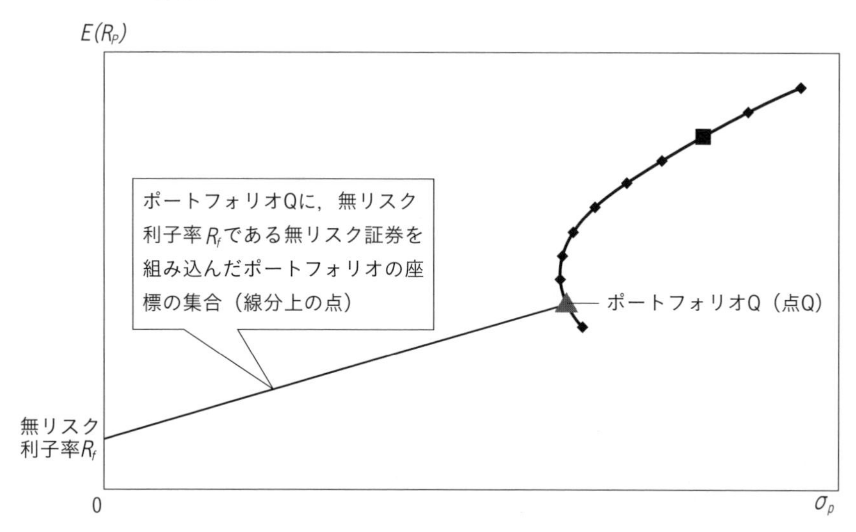


組み合わせ（座標）は，**図表３-13**の線分上の点で示されることになる。つまり，最小分散境界上にあるポートフォリオＱ（点Ｑとする）に無リスク証券（点$R_f$とする）を組み入れると，新しいポートフォリオの組み合わせは，図表３-13にある線分 $R_f$－Ｑ上の点の集合で示される。

この線分 $R_f$－Ｑ上で可能な組み合わせが示されることになる。無リスク証券の組み入れ比率を増やすと，より $R_f$に近い座標の点が選ばれることになり，リスク資産の組み入れ比率を増やすとよりポートフォリオＱに近い座標の点が選ばれることになる。曲線から直線（線分）になったということで，座標を求めることも容易になる。ただし点Ｑは最小分散境界上にあるが，効率的フロンティア上にはない点である。その意味では最適なリスク資産のポートフォリオを選択できたわけではない。

それでは，この無リスク証券を組み入れた場合の最適なポートフォリオはどうなるのだろう。実はここでどんでん返しが待っている。「トービンの分離定理」を用いると，第３章第１節でも述べた，ポートフォリオの選択（効用無差別曲

図表3-14 ▶ 分離定理と接点ポートフォリオ

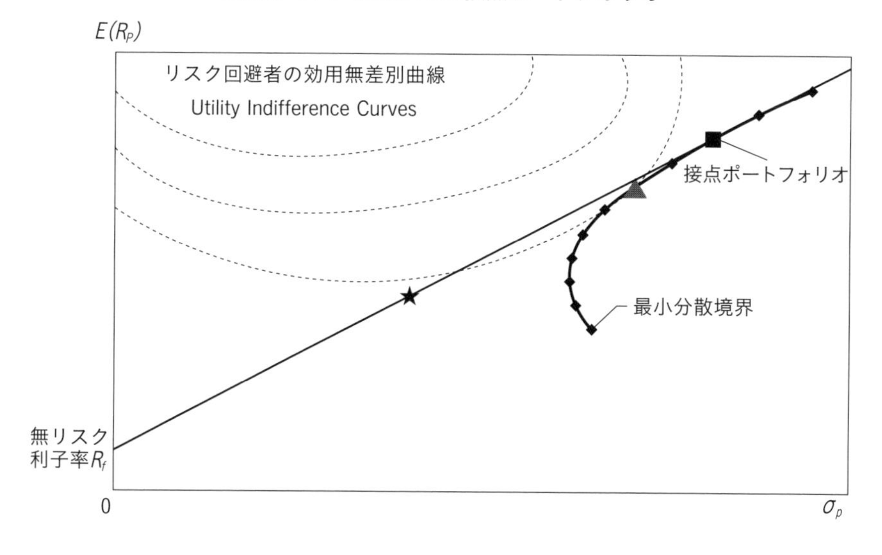


線と効率的フロンティアとの交点の選択）がまったく意味のない選択になってしまうからだ。

「トービンの分離定理」といっても，難しい内容ではない。それは「無リスク証券が存在する場合の最適ポートフォリオの選択に際して，①リスク証券（資産）だけから構成されるポートフォリオを決定する意思決定と，②ポートフォリオ全体をどのようにリスク証券と無リスク証券に分散させるかという意思決定は別々に行われる」ということである。

まず①の意思決定は効率的フロンティアに対して点$R_f$から接線を引くことによっておのずから決まる。**図表3-14**に示すように，"接点ポートフォリオ"と呼ばれるそれ（■）は，第3章の第1節で求めた最適ポートフォリオの点（▲）と異なっている。しかし，無リスク利子率を組み入れるならば，接点こそが最も期待リターンの高いポートフォリオになるわけだから（リスク回避者としての合理的な選択），この接点ポートフォリオがリスク証券のみのポートフォリオの選択として妥当ということになる。あとは無リスク証券を買い入れて，両者の組み合わせとなるポートフォリオを接線上から選べばいい。

別の表現を使うと，無リスク利子率の座標（0，$R_f$）から，リスク証券のポートフォリオの最小分散境界（効率的フロンティア）との交点に向かって引かれる直線のうち，最も高い期待リターンとなるポートフォリオの集合は，直線の傾きが最も大きくなる接線上に接点として示されるポートフォリオであるということだ。この接線の傾きは後に説明するように，$(E(R_M)-R_f)/\sigma_M$ で表現される。

②の意思決定については，①の過程と独立して選ばれる。投資家は意思決定をして接点ポートフォリオから点 $R_f$ を結ぶ線分上の点から選ぶ。例えば，図表3－14の線分上の点（★）が無リスク資産を組み入れた最適なポートフォリオの一例である。ちなみに金利 $R_f$ で資金を借り入れて，リスク資産を購入するなら，接線上にある接点ポートフォリオよりも左側の点，つまり，リスクのより小さいポートフォリオを選択することもできる。

以上が「トービンの分離定理」によるポートフォリオ選択である。このポートフォリオ選択では，投資家のリスク許容度に関係なく，すべての投資家は同じリスク証券のポートフォリオ（接点ポートフォリオ）を保有することになるため，マーコウィッツのポートフォリオ理論は大幅に簡略化されたことになる。

マーコウィッツの方法は「平均・分散アプローチ」といって，膨大な数の証券の期待リターンや分散，共分散を求める煩雑な作業だったが，シャープのCAPMは $\beta$ という単一の指標を用いるだけでよくなるからだ。

## 2-3 CAPMの導出②～CML（資本市場線）

さて，トービンの分離定理により，選択可能な最適ポートフォリオのリスクと期待リターンの関係性が直線の関数として示されたところで，CAPMの導出にかなり近づいてきた。次に市場ポートフォリオの概念を導入する。

市場ポートフォリオは「すべてのリスク証券を市場全体の時価総額（株価×株式発行総数）における各証券の時価比率と同じ割合で保有するポートフォリオ」のことだったが，実は，この接点ポートフォリオは市場ポートフォリオ

図表 3-15 ▶ CML（資本市場線）と市場ポートフォリオ

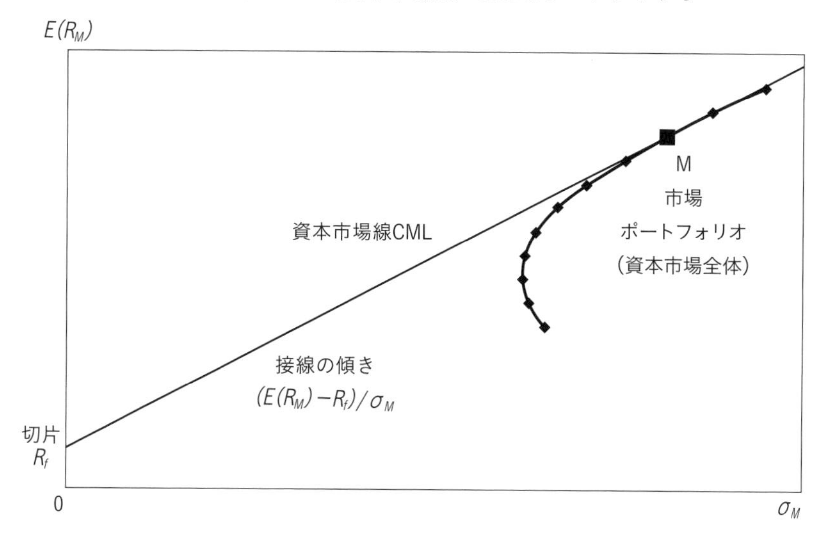


に他ならない。

CAPM の制約条件で示したように，「同質の期待を持つ」，「リスク回避的な投資家」は，誰もが，接点ポートフォリオに投資しようとする。誰も所有しないリスク証券はありえないので，誰もが同じ投資行動をとる結果，すべての投資家が持っている同じポートフォリオは，結局，すべてのリスク資産を同じ比率で購入したものになる。つまり，CAPM の強い制約条件下では，接点ポートフォリオ＝市場ポートフォリオとなる。**図表 3-15**は接点ポートフォリオを市場ポートフォリオに置き換えてリスクと期待リターンの関係を示している。

この点 $R_f$ からポートフォリオ M に引かれた接線のことを CML（Capital Market Line，資本市場線）と呼んでいる。CAPM の仮定(2)，(3)で示したように，合理的な投資行動を行い，同一の期待値やリスクの予想を持つリスク回避的な投資家は，この CML 上にある点と同じリスクならびに期待リターンの組み合わせとなるポートフォリオを選択する。すべてのリスク資産を組み入れる市場ポートフォリオを選択することは現実にはできないが，厳しい制約条件を課した CAPM 理論では CML を実際のポートフォリオ選択に当てはめて，ポートフォリオを選択するのである。

CML は直線になっているので，一次関数として誰でも簡単に表現できることになった。序章の第３節で記したように一次関数は切片と傾きを求めれば，簡単に数式化できる。まず切片の座標は容易にわかるだろう。（0，$R_f$）である。

傾きを求めるには二点の座標がわかればいいが，切片の座標に加えてポートフォリオ M の座標も簡単に示すことができる。（$\sigma_M$，$E(R_M)$）である。２点の座標の差をそれぞれ求め，x 軸の差で Y 軸の差を割れば傾きは求められる。したがって，CML の傾きは下記のように求められる。

$$\frac{(E(R_M)-R_f)}{(\sigma_M-0)}=\frac{E(R_M)-R_f}{\sigma_M} \quad ④$$

切片が $R_f$，傾きが（$E(R_M)-R_f$）/$\sigma_M$，左辺の変数（Y に相当）を $E(R_M)$（市場ポートフォリオの期待リターン），右辺の変数を $\sigma_M$（市場ポートフォリオの標準偏差）だとすると，CML は下記の式で表される。

$$E(R_M)=R_f+\frac{E(R_M)-R_f}{\sigma_M}\sigma_M \quad ⑤$$

CML を表す⑤式が導かれ CAPM の数式にだいぶ近づいてきた。この CML の傾き（$E(R_M)-R_f$）/$\sigma_M$ は「シャープ・レシオ」，「リスクの市場価格」とも呼ばれる。「リスクの市場価格」と呼ばれるのは，市場ポートフォリオのリスクで同リスク・プレミアムを割ることにより，リスク１単位当たりのリスク・プレミアムを表しているからである。

## 2-4 CAPM の導出③～シャープ＝リントナー型 CAPM

あとはこの CML を表す⑤式から，任意の個別証券の期待リターン（$E(R_i)$）を求められるようにすれば CAPM の数式が導かれる。ただ，ここからは微分

**図表 3-16 ▶ リスクの分散（図表 1-18再々掲）**

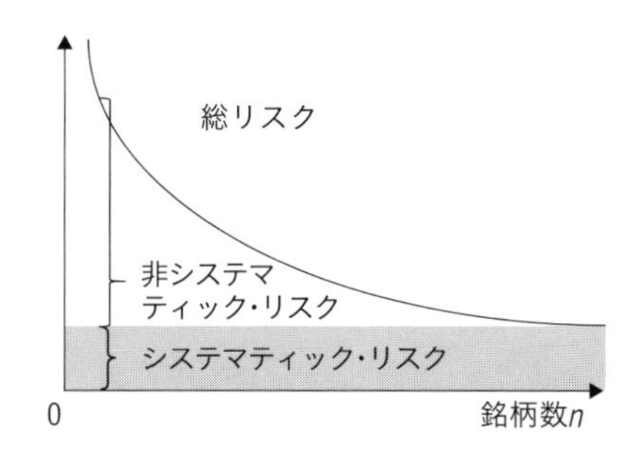


を必要として導出が少し難しいので数学的な説明を省略する。CML では十分に分散されてシステマティック・リスクのみとなった市場ポートフォリオが導かれるわけだが，個別の証券$i$ではそうはいかない。個別の証券$i$は十分に分散されていないので，非システマティック・リスクが残っている。第3章第1節で述べたように，ポートフォリオのリスクは構成する証券数を増やしていくことによって，小さくなっていくがそれは非システマティック・リスクが小さくなっていくからである。しかし，もう一方のシステマティック・リスクは分散効果によって減少することはない。だから銘柄数を増やしていっても，あるところでこれ以上リスクが低下しなくなってしまう。本章1－1項で示した図表3－1（**図表3-16**）をもう一度思い出してほしい。

つまり，CML の数式の中に出てくる，市場ポートフォリオのリスク（$\sigma_M$）はリスク証券のすべてを含んでいるわけだから，十分に分散効果が働いた結果，非システマティック・リスクが消滅した後に残っているシステマティック・リスクのみである。それに対して個別の証券のリスク（$\sigma_i$）は，分散がなされていないから，非システマティック・リスクとシステマティック・リスクの両リスクを含んでいる。

ここでは市場ポートフォリオに，リスク証券$i$を加えると考えよう。その証券$i$を1単位組み入れることによって，市場ポートフォリオのリスク（標準偏差）はどの程度変化するのか。それを市場ポートフォリオのリスクに対する限界的寄与（Marginal Contribution）というのだが，その大きさはシャープとリントナーによって，次の値となることが証明されている[7]。

$$\frac{\sigma_{iM}}{\sigma_M}=\frac{\text{証券}\,i\,\text{と市場ポートフォリオの共分散}}{\text{市場ポートフォリオの標準偏差}}$$

また，シャープとリントナーは個別証券$i$のリスクと期待リターンとの間に下記のような一次式の関係が成立することも証明している。⑤の左辺では市場ポートフォリオの期待リターンだったのが，⑦の左辺では証券$i$の期待リターンに置き換わっていることに注意しておこう。また右辺は⑤式の右辺の「リスクの市場価格」に市場ポートフォリオのリスクに対する限界的寄与を掛けている。

$$\mathrm{E}(R_i)=R_f+\left[\frac{E(R_M)-R_f}{\sigma_M}\right]\frac{\sigma_{iM}}{\sigma_{\mathrm{M}}} \quad ⑦$$

これを変形すると，

$$\mathrm{E}(R_i)=R_f+\left[\frac{E(R_M)-R_f}{\sigma_M}\right]\frac{\sigma_{iM}}{\sigma_{\mathrm{M}}}=R_f+\frac{\sigma_{iM}}{\sigma_M^{\,2}}[E(R_M)-R_f]$$
$$=R_f+\beta_i[E(R_M)-R_f] \quad ⑧$$

これでCAPMが導出された。この形のCAPMをシャープ＝リントナー型のCAPMと呼ぶ。

7　市場ポートフォリオの標準偏差を証券$i$の追加構成比率で偏微分すると求めることができる。また，シャープ＝リントナー型のCAPMを導出するには，かなり複雑な微分の計算を必要とするので割愛した。

## 2-5 SML（証券市場線）とCAPMの活用

$$E(R_i) = R_f + \beta[E(R_M) - R_f]$$

CAPMでは，$R_f$（無リスク利子率）が切片，$\beta$ が傾きだとすると，市場ポートフォリオのリスク・プレミアム（$[E(R_M) - R_f]$）が $x$，個別の証券の期待リターン（$E(R_i)$）が $Y$ となる一次関数と考えればいい。

$\beta$ は市場ポートフォリオの期待リターンのリスク・プレミアム（$E(R_M) - R_f$）が1％上昇した場合に，個別の証券の期待リターンのリスク・プレミアム（$E(R_i) - R_f$）が何％変動するかという，市場全体の変化に対する感応度を表している。だから，$\beta$ は市場ポートフォリオの場合は1となる。$\beta_i$ が1より大きければ，その個別の証券は市場全体の変化よりも大きく変動し，$\beta_i$ が1より小さければ，その個別の証券は市場全体の変化よりも小さく変動する。つまり，$\beta$ は市場ポートフォリオを1とした相対的なリスク尺度ということになる。

合理的な投資家が市場ポートフォリオに投資することを前提としていると，個別証券の総リスク（システマティック・リスク＋非システマティック・リスク）ではなく，分散投資によって除去できないシステマティック・リスクのみで考えればよいことはすでに述べた。個別証券のリスク・プレミアムは，市場ポートフォリオのシステマティック・リスクとその感応性（$\beta$）によってのみ決まる。CAPMは非常に単純な結論となっている。$\beta$ を調整すればポートフォリオのさまざまな期待リターンを作り出すことができるという結論だ。また $\beta$ がわかれば個別株式の期待リターンもすぐにわかるようになっている。$\beta$ がすべてを決定することになるため，CAPMは，シングル・ファクター・モデル（Single Factor Model）とも呼ばれる。

そこで，CAPMの考え方をもとにして，横軸に $\beta$（$=\sigma_{iM}/\sigma_M^2$），縦軸に期待リターン（$E(R)$）をとった平面を考えると，CAPMの理論の上では，すべて

図表3-17 ▶ SML（証券市場線）と市場ポートフォリオ

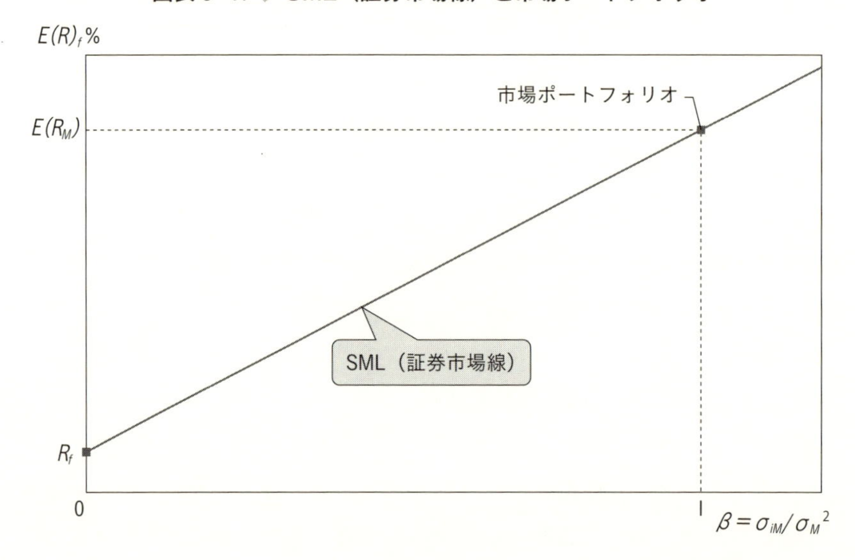


の証券は無リスク利子率（$R_f$）と，市場ポートフォリオの座標（1，$E(R_M)$）を結ぶ直線上に，すべての証券が位置することになる。**図表3-17**はその直線を示している。この直線のことをSML（Security Market Line，証券市場線）と呼ぶ。

もちろん，実際にはすべての証券が常にSML上にあるとは限らない。SML上にあるのは均衡した状態にある場合であって，リスク証券は割安に放置されることも，割高になってしまうこともある。しかし，CAPMの世界では，この放置された銘柄は，期待リターンが調整されていずれSML上に並ぶことになっている。

**図表3-18**は，トヨタ自動車，ハウス食品[8]，そしてTOPIX（東証株価指数）の2018年1月における1カ月間のデイリー・リターン（毎日の株価変化率）の値を並べたものである。TOPIXを市場ポートフォリオと考えた場合[9]，トヨ

8　両社の株式のデイリー・リターンについては，第1章3-2項「リスクの可視化」でもデータを用いている。

図表 3-18 ▶ 2018年1月におけるトヨタ自動車（7203），ハウス食品グループ本社（2810），TOPIX のデイリー・リターン

| | トヨタ自動車（7203） | | ハウス食品グループ本社（2810） | | TOPIX | |
|---|---|---|---|---|---|---|
| 終値日付 | 株価 | リターン | 株価 | リターン | 指数値 | リターン |
| 2018/1/4 | 7,413 | 2.77% | 3,775 | 0.94% | 1,863.82 | 2.55% |
| 2018/1/5 | 7,552 | 1.88% | 3,760 | −0.40% | 1,880.34 | 0.89% |
| 2018/1/9 | 7,541 | −0.15% | 3,760 | 0.00% | 1,889.29 | 0.48% |
| 2018/1/10 | 7,706 | 2.19% | 3,735 | −0.66% | 1,892.11 | 0.15% |
| 2018/1/11 | 7,629 | −1.00% | 3,745 | 0.27% | 1,888.09 | −0.21% |
| 2018/1/12 | 7,578 | −0.67% | 3,650 | −2.54% | 1,876.24 | −0.63% |
| 2018/1/15 | 7,653 | 0.99% | 3,655 | 0.14% | 1,883.90 | 0.41% |
| 2018/1/16 | 7,733 | 1.05% | 3,730 | 2.05% | 1,894.25 | 0.55% |
| 2018/1/17 | 7,782 | 0.63% | 3,735 | 0.13% | 1,890.82 | −0.18% |
| 2018/1/18 | 7,698 | −1.08% | 3,690 | −1.20% | 1,876.86 | −0.74% |
| 2018/1/19 | 7,739 | 0.53% | 3,680 | −0.27% | 1,889.74 | 0.69% |
| 2018/1/22 | 7,679 | −0.78% | 3,660 | −0.54% | 1,891.92 | 0.12% |
| 2018/1/23 | 7,740 | 0.79% | 3,700 | 1.09% | 1,911.07 | 1.01% |
| 2018/1/24 | 7,673 | −0.87% | 3,710 | 0.27% | 1,901.23 | −0.51% |
| 2018/1/25 | 7,594 | −1.03% | 3,660 | −1.35% | 1,884.56 | −0.88% |
| 2018/1/26 | 7,608 | 0.18% | 3,680 | 0.55% | 1,879.39 | −0.27% |
| 2018/1/29 | 7,643 | 0.46% | 3,660 | −0.54% | 1,880.45 | 0.06% |
| 2018/1/30 | 7,629 | −0.18% | 3,575 | −2.32% | 1,858.13 | −1.19% |
| 2018/1/31 | 7,480 | −1.95% | 3,795 | 6.15% | 1,836.71 | −1.15% |
| | $E(R)_{TOYOTA}$<br>$\sigma_{TOYOTA,\ TOPIX}$<br>$\beta_{TOYOTA}$ | 0.20%<br>0.000084<br>1.11 | $E(R)_{HOUSE}$<br>$\sigma_{HOUSE,\ TOPIX}$<br>$\beta_{HOUSE}$ | 0.09%<br>0.000015<br>0.20 | $E(R)_{TOPIX}$<br>$\sigma^2_{TOPIX}$ | 0.06%<br>0.0000752 |

タならびにハウスの $\beta_i$ をそれぞれ計算することができる。$\beta$ を求める過程で両社株式の期待リターン（$E(R)_{TOYOTA}$，$E(R)_{HOUSE}$），標準偏差（$\sigma_{TOYOTA}$，$\sigma_{HOUSE}$）を求めている。ここでの $\beta$ は，個別証券と TOPIX の共分散（$\sigma_{TOYOTA,\ TOPIX}$，$\sigma_{HOUSE,\ TOPIX}$）を TOPIX（市場ポートフォリオ）の分散（$\sigma^2_{TOPIX}$）で割って求める。

9　TOPIX は東証一部に上場している全銘柄の合計時価総額を対象とした株価指数で，日本の株式市場における市場ポートフォリオとして用いられている。

**図表3-19 ▶ トヨタ自動車（7203）とハウス食品グループ本社（2810）のジェンセンのα**

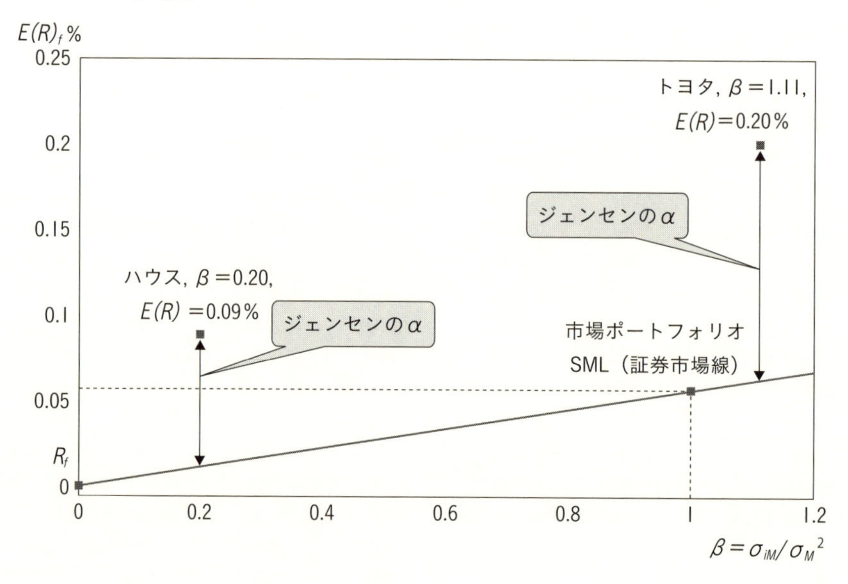


結果，$\beta_{TOYOTA}$ は1.10であるのに対し，$\beta_{HOUSE}$ は0.20と計算された。つまりこの時期（2018年1月）のトヨタ自動車の株式は市場ポートフォリオよりも少し大きく変動し（1.10>1.00），ハウス食品の株式は市場ポートフォリオに比べて，あまり連動しなかった（0.20<1.00）ということになる。

次に$\beta$ならびに両社株式の期待リターンの数値から，SMLが引かれた平面の座標をとってみる。**図表3-19**に示すように，両株式の座標はSMLから大きく上方に乖離していることがわかる。この乖離幅，個別銘柄の超過リターンのことを「ジェンセン[10]の$\alpha$（アルファ）」と呼んでいる。

トヨタ自動車ならびにハウス食品とも$\alpha>0$であることから，$\alpha$の値は両株式の現在の価格が過少評価されていることを示している。もしこのSMLか

---

10　ジェンセンはアメリカの経済学者Michael C. Jensenの名前から。ジェンセンの$\alpha$はジェンセンがファンド・マネージャーの運用パフォーマンスを評価するために編み出した指標である。

ら下方に乖離した銘柄があれば（$\alpha < 0$），その株式は逆に過大評価されていることになる。このようなCAPMの理論の上で「不均衡な」状態が続けば，投資家は両社の株式を購入し，逆に下方に乖離した株式を売却する，つまり裁定取引を行う（第1章第2節）。その結果トヨタ，ハウス両社の株価は上昇し，下方に乖離した株式の価格は下落する。一方で期待リターンはそれぞれ逆の動きをみせる。ここでもう一度式を確認しておく。

$$E(R_i) = R_f + \beta\,[E(R_M) - R_f]$$

実務的にCAPMを使う場合，安全利子率や市場ポートフォリオの期待リターンについては，中長期的な過去のデータの平均値を当てはめる。例えば無リスク利子率（$R_f$）は国債の利回りを用いる。2018年2月時点ではわが国は超低金利下にあり，10年物の国債の利回り（長期金利）は0.05%前後となっている。2016年には同利回りはマイナスになっていたこともあるが，過去5年間では0.339%，過去7年では0.529%なので，ここでは0.5%と設定する。

一方，市場ポートフォリオのリスク・プレミアムについては正確にはわからないものの，過去のTOPIXの平均リターンは統計的に4～7%といわれている。その平均値である5.5%を$E(R_M)$と仮定しよう。無リスク利子率は0.5%の仮定だから，市場ポートフォリオのリスク・プレミアム$E(R_M) - R_f$は5%となる。

$\beta$についてはロイターの投資情報サイト（https://jp.reuters.com/）で調べることができる（月次リターンの5年平均）。図表3-18では日時リターンの1カ月平均だったが，ここでは期間を長めにとってロイターの値をとる。トヨタ自動車の$\beta$は1.13，ハウス食品グループ本社の$\beta$は0.39である。

これらの値をCAPMに当てはめると，個別のリスク証券の期待リターン（$E(R_i)$）を求めることができる。この期待リターンは第2章4-3項で述べたDDMによる株価の推計に割引率として用いられる。上記のデータから，トヨタならびにハウスの期待リターンを求めてもらいたい。解答は下記の通りである。

トヨタ自動車の期待リターン

$$E(R_{TOYOTA})=0.5\%+1.13\times(5.5\%-0.5\%)=6.15\%$$

ハウス食品グループ本社の期待リターン

$$E(R_{HOUSE})=0.5\%+0.39\times(5.5\%-0.5\%)=2.45\%$$

また，企業価値や株式価値など，フリー・キャッシュ・フローの現在価値を求めて資産価格を推計する際にはWACC（Weighted Average Capital Cost, 加重平均資本コスト）という割引率を用いる。このWACCは，上記の個別証券の期待リターン（株式資本コスト）と有利子負債資本コストとの加重平均値である。これについては第4章第1節で詳しく述べる。

## 3 効率的市場仮説とアノマリー

### 3-1 CAPMとパッシブ運用

第3章第2節で述べたように，CAPM（資本資産価格モデル，Capital Asset Pricing Model）は$\beta$という数値を絶対視する。$\beta$は市場ポートフォリオに対して，個別株式のリスクとリターンがどの程度大きいかを表した数値のことだ。$\beta=1$の銘柄は市場ポートフォリオの動きと完全に連動するが，$\beta>1$の銘柄は市場ポートフォリオよりも大きく変動する。一方で$\beta<1$の銘柄は市場ポートフォリオよりも変動が小さい。

市場ポートフォリオの銘柄を組み換える調整を行っても，リスクに対するリスク・プレミアムの比率$(E(R_M)-R_f)/\sigma$はそれ以上改善しない（接線上の点なので，直線の傾きが最大ということ）。市場ポートフォリオは十分に分散されているから，非システマティック・リスクが消え，システマティック・リスクだけになっている。つまり，市場ポートフォリオは最も効率的なポートフォリオである。

60年代半ばにCAPMが発表されると，プロの投資家の反発が強まった。まずCAPMはあくまで「理論」であって，現実的，実践的には当てはまるとは限らないという批判があった。そもそもCAPMは理論を成り立たせる前提条件が厳しい。例えば「すべての投資家が，同じリターンならびにリスクを期待し，リスク回避的な投資行動をとるという前提」を置かなければならなかった」（第3章第2節参照）。

さらに，CAPMはアクティブ運用の投資方法を否定している。当然，アクティブ運用を行っている投資家はその有用性を訴える。彼らは企業の財務状況や業況の情報をかき集め，いわゆるファンダメンタルズ分析を行い，割安の銘柄をみつけることに多大な労力を注ぐ。CAPMではそのような投資手法は，最も効率的な市場ポートフォリオのパフォーマンスには勝てないという。

このCAPMの考え方は，インデックス・ファンドの登場につながっていく。インデックス・ファンドというのは，市場全体と同じ銘柄構成比率の投資信託のことである[11]。インデックス・ファンドを購入すると，全体の平均的な銘柄の組み合わせが選択され，より市場ポートフォリオに近い形で分散投資が行われているため，銘柄選択の手間もかからない。運用目標とするベンチマーク（日経平均株価やTOPIXなどのインデックス）に連動する運用成果を目指すことから，こうしたインデックス・ファンドの運用のことを「パッシブ運用」と呼んでいる。パッシブとは「受動的」という意味で，いわば「おまかせ」ということ。

それに対し，アクティブ運用というのは，そのベンチマークを上回る運用成果を目指す運用手法である。運用のプロであるファンド・マネージャーが市場

11　現在，日本では従来のインデックス・ファンド（インデックス型の投資信託）をさらに便利にした金融商品として，上場型投資信託ETF（Exchange Traded Funds）が広く売買されている。ETFにはさまざまな種類があるが，日経平均やTOPIXといった株価指数の構成銘柄に合わせた，ETFが一般的である。従来のインデックス・ファンドと違い，ETFは上場しており，取引時間中にいつでも売買することができる。

や個別銘柄の調査，分析を行い，その結果をもとに銘柄を選定して運用する。「割安」の銘柄をみつけて購入し，「割高」になれば売却して利益を得ることを丹念に続けていく。

チャールズ・エリスの『敗者のゲーム』という本では，「市場はプロが戦う場であり，１人だけ勝ち続けるのは難しい。個別銘柄の選択などはコストの割に効果はほとんどない」と指摘している。「投資はいかにうまく相場を当てるかというよりも，いかにミスを最小化するかという敗者のゲーム」であるから，ファンド・マネージャーの投資ミスが積み重なるアクティブ運用のファンドにお金を出すよりも，インデックス・ファンドに投資したほうがいいとしている。何とも夢のない結論なのだが，実際，このインデックス・ファンドの優位性はデータからも実証されている。

また，第１章第２節でも引用した，バートン・マルキールの『ウォール街のランダム・ウォーカー』は，市場の効率性が強くなる，つまりどんな情報も市場がすぐに織り込んでしまうような状況になっていくと，株価の動きは不規則（ランダム）に変動（ウォーク）するようになるから，将来の価格を先読みすることは完全に不可能になってしまうとしている。アクティブ運用が可能なのは，市場が十分に効率的ではないからであって（投資のチャンスあり），ランダム・ウォーク（千鳥足）の状態であるならば，「目隠しをしたサルに新聞の相場欄めがけてダーツを投げさせ，それで選んだ銘柄でポートフォリオを組んでも，専門家が注意深く選んだポートフォリオとさほど変わらぬ運用成果を上げられる」とマルキールは揶揄している。これについては，第１章２－４項でも引用している。

ランダム・ウォーク理論を支持する人たちは，将来の価格変動を予測することができないと考えるが，確率論で対応できると考えている。つまり，投資がうまくいくかどうかは，運用の巧拙によるのではなく，「運まかせ」に過ぎない。彼らに言わせれば，高名な投資家の運用手法の説明も，単に運による結果を後付けの理屈で正当化しているに過ぎない。こうした考え方に，アクティブ運用を行う投資家たちは当然反発する。

アクティブ運用を実践する投資家の代表格は，「オマハの賢人」と呼ばれるウォーレン・バフェットである。バフェットは徹底したファンダメンタルズ分析（企業の財務状況や業況の分析）を行って，割安の銘柄を見いだして投資し（バリュー投資），長期に保有する。また，必要以上に投資先を分散させない。パッシブ運用と正反対のアクティブ運用の戦略をとっている。

CAPMの考案者であるシャープは，「コイン投げを何度も繰り返すと，10回続けて表が出ることもある」と投資で実績を残しているバフェットを揶揄しているが，それに対してバフェットは，「グレアム＝ドット村に住むサルはみんなコイン投げで10回続けて表を出している」と反論している。ここでいう，グレアム＝ドット村とは，ベンジャミン・グレアムとデビッド・ドットのことを差しており，2人ともバリュー株投資を提唱し，実績を残してきた投資家である。

## 3-2 アノマリー批判とATP（裁定価格理論）

その後，CAPMはアノマリーの発見から厳しく批判を受けることになる。「アノマリー（Anomaly）」とは，説明のつかない証券価格の変則性のことである。CAPMの前提となっていた効率的市場であるならば考えられない現象である。

例えば，「１月効果」といわれるアノマリーは，12月の株価が安いのに対し，新年の１月のパフォーマンスが高いというものである。これはアメリカの傾向だが，日本でも４月の株価のパフォーマンスが高い傾向があるといわれている。新年や新年度に入ると，気持ちをリフレッシュさせて積極的な買いに転じる投資家が多いのだろうか。

また，「小型株効果」は，小型株（株式時価総額が小さい銘柄。株式時価総額＝株式の時価×発行済株式数）のパフォーマンスが，インデックスを継続的に上回る傾向にあるというアノマリーである。小型株はあまり投資家の注目を受けることが少ない銘柄が多く，売買されずに安値のまま放置される傾向がある。

さらに，「バリュー株効果」は，バリュー株（企業が保有する資産価値に比べて，株価が低い銘柄）のパフォーマンスが，インデックスを継続的に上回る傾向があるというアノマリーである。上述のウォーレン・バフェットは，このバリュー株効果をねらった投資スタイルであるともいえる。会社の本質的価値を計算し，市場の価格と比較して割安の銘柄に長期投資して，大きく値上がるのを待つのがバフェットの投資戦略である。

他にもさまざまなアノマリーが見いだされたが，とりわけ「小型株効果」ならびに「バリュー株効果」は米国の市場において継続的に認められる現象であった。効率的市場やランダム・ウォークの支持者たちは，次々に発見されるアノマリーについて，すぐに消えるものとして取り合わなかった。裁定取引と同様に，儲かるアノマリーに投資する人たちが増えると，多くの人がそのアノマリーから収益機会を得ようとするため，いずれはそのアノマリーも消えてしまうはずだと考えた。

そこで現れたのが76年にステファン・ロスによって発表されたAPT（裁定価格理論，Arbitrage Pricing Theory）である。APTはCAPMの厳しい仮定を緩め，株価に影響を及ぼす複数のファクターが存在することを示している。理論の名称に「アービトラージ（裁定取引）」が入っているのは，この式を導出するために，第1章第2節で触れた無裁定取引条件の考え方が取り込まれているからだ。ここでは詳細な導出方法については省略するが，結論として下記のような式が導かれる。

$$E(R_i)=R_f+b_{i1}\lambda_1+b_{i2}\lambda_2+\cdots+b_{ij}\lambda_j \quad ①$$

ここで $\lambda_j$（ギリシャ文字，ラムダ）はファクター・リターンと呼ばれ，$j$番目のファクター（要因）のリスク・プレミアムを示している。$\lambda=E(F_j)-R_f$ と表されるが，$F_j$は株式$i$のリターンに影響を及ぼす$j$番目の指標の価値のことである。また，$b_{ij}$は$j$番目のファクターに対する株式$i$の感応度を示している。これらはいずれもCAPMにおける市場ポートフォリオのリスク・プレミアムや$\beta$と同様のものであるが，それらが複数あるところがAPTの特徴である。CAPMがシングル・ファクター・モデルであるのに対し，APTはマルチ・

ファクター・モデルといわれる。また，無リスク利子率 $R_f$ を仮定しているのもCAPMと同様である。

CAPMが厳格な仮定（第3章第2節の2）を置いているのに対し，APTの仮定は緩い。市場が十分に競争的であり，投資家が株価に影響を与える情報に対して合理的な投資決定を行うとすればAPTは成立する。ただ，複数のファクターを数式に提示しているものの，その共通のファクターが何であるのかをAPTは示していない。

効率的市場仮説を1960年代から中心的に提唱してきたユージン・ファーマは，1993年にケネス・フレンチとともに，3ファクター・モデル（3 Factor Model）を発表する[12]。これはAPTをベースに，3つのファクター（要因）が株価を決定することを示したものであり，ファーマ＝フレンチ・モデルとも呼ばれる。彼らが示した3ファクターは，①CAPMの $\beta$，②小型株効果，③バリュー株効果である。②と③はアノマリーとして確認されていたもので，CAPMの拡張にあたって，3ファクター・モデルは効率的市場仮説では説明できないアノマリーの存在を受け入れたことになる。

3ファクター・モデルを定式化すると下記のようになる。

$$E(R_i)=R_f+b_1(E(R_M)-Rf)+b_2\mathrm{SML}+b_3\mathrm{HML}+e_i \quad ②$$

ここで，$E(R_i)$，$R_f$，$E(R_M)$ はそれぞれ，個別銘柄の期待リターン，無リスク利子率，市場ポートフォリオの期待リターンであるのはCAPMの定式化と同じ。SMLは小型株と大型株の株式時価総額の差，HMLはバリュー株とグロース株のBPレシオ（1株当純資産÷株式時価）の差，$e_i$ は誤差項である。$b_1$～$b_3$はそれぞれのファクターに対する株式 $i$ の感応度である。

さらに，1995年にはマーク・カーハートが4ファクター・モデル（4 Factor Model）を発表する。これはファーマ＝フレンチ・モデルに，もう1つ，④株

12　発表者の2人の名前をとって，ファーマ＝フレンチ・モデルとも呼ばれる。

価のモーメンタム（趨勢）という要素を組み入れたものだ。

$$E(R_i)=R_f+b_1(E(R_M)-Rf)+b_2\mathrm{SML}+b_3\mathrm{HML}+b_4\mathrm{MOM}+e_i \quad ③$$

③式は②式に右辺の第５項 $b_4$MOM を加えたもので，MOM は Momentum の略号である。株価のモーメンタム（趨勢）は，効率的市場仮説（第１章２-４項）におけるウィーク・フォームで真っ先に否定されていた「過去の株価の変動」である。したがって，90年代に発表されたマルチ・ファクター・モデルは，効率的市場仮説で説明できない部分を取り込んで，拡張したといえる。

## 3-3 行動ファイナンス

最後に行動ファイナンスについて触れておこう。行動経済学や行動ファイナンスに関する入門書については，たくさんの書籍が刊行されている。本書では紙幅に限界があるので，簡単に紹介するにとどめる。是非，それらの入門書を読んでみてほしい。

さて，モダン・ポートフォリオ理論を含む，伝統的かつ標準的な経済学においては，「人は皆合理的な選択をする」というのが，基本的な考え方の前提となっていた。CAPM でも投資家の行動に厳しい仮定を置いているのはすでに述べた通り。それに対し，行動経済学や行動ファイナンスでは，「人は必ずしも合理的な選択をするとは限らない」という考え方が起点になっている。

行動経済学・行動ファイナンスの第一人者として名前を挙げるべきなのは，ダニエル・カーネマンとエイモス・トヴェルスキーである。彼らは心理学者である。人間には非合理的な側面があり，その側面は意思決定を合理性から逸脱させてしまうと考えるのが心理学である。その非合理性が個人差によって生じるものであれば，経済や金融市場に大きく影響を及ぼすことはないだろう。ところがその人間の心理のバイアス（偏り）が数多くの人に認められるならば，その偏りが経済や金融市場においても継続的に観察されることだろう。金融市場の非合理的な偏りの傾向を自覚した上で投資を行えば，市場を出し抜いて利益を得ることもできるだろう。

例えば，小型株やバリュー株のアノマリーも，継続的に観察される証券価格の変則性であった。小型株には創業からさほど年月が経っていない企業が多いため，認知度が低いこともあって着目されないことから割安で放置される傾向にある。また，バリュー株もその名の通り，資産の時価に比べて株価が割安に放置されている銘柄である。バリュー株の株価の低さについては，成長性が低い，何らかの業績リスクがあるなどの理由も考えられるが，そういった銘柄は，すでに株価に十分すぎるほどネガティブな材料が折り込まれており，必要以上に株価が下がっている可能性もある。

小型株もバリュー株も市場で合理的な価格付けがなされていない可能性がある。そういった銘柄の企業業績が少しでも改善すると，株価が好パフォーマンスを示す可能性が高い。こういった心理的な偏りが作用して，小型株やバリュー株のアノマリーが生まれると行動ファイナンスは考える。

通常の経済学では期待効用理論に沿って，「投資家は，市場についての全情報を知っており，自分の利益や満足を最大化にするよう，完全に客観的，合理的に行動する」ことを前提としている。一方で行動経済学や行動ファイナンスでは，「投資家の経済活動は客観的判断よりも主観的判断を頼りに行なわれ，時に非合理的である」と考えられている。

ここまで，CAPM以降のファイナンス理論の流れを概観してきたが，**図表3-20**はそれぞれのファイナンス理論がどの程度市場が効率的であると考えているのかによって，区分してまとめている。ランダム・ウォーク理論やモダン・ポートフォリオ理論は市場の効率性を前提とする一方で，ファンダメンタルズ分析によるアクティブ運用や，行動ファイナンスの知見は，市場が効率的ではないが故に超過収益をあげる機会が残っているとしている。さまざまなアノマリーが指摘されることによって，効率的な市場の前提が疑わしいものと考えられるようになり，ファーマ＝フレンチの3ファクター・モデルなどはアノマリーを取り込み，CAPMの厳格な仮定条件を緩めている。

ファイナンス理論は市場を効率的市場であるとみなすかどうかで，見方や主

**図表 3-20 ▶ ファイナンス理論史の見取図**

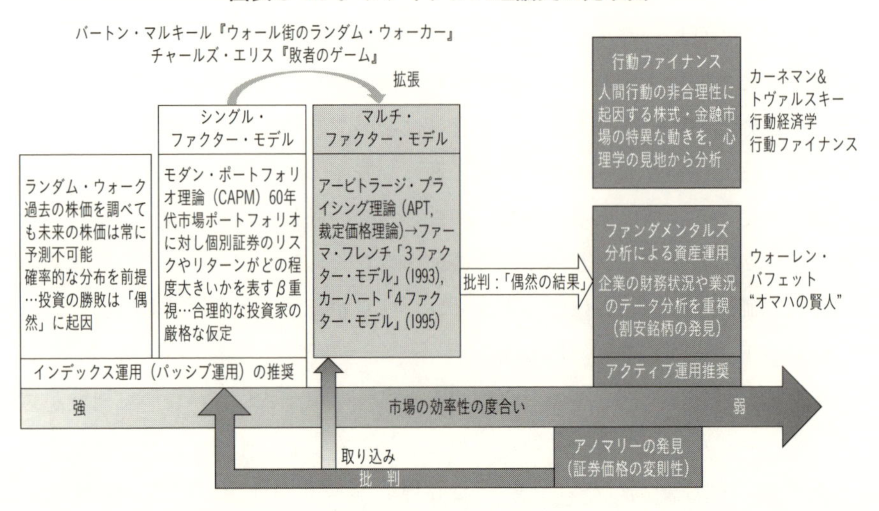


張が大きく変わる。市場がどの程度効率的なのかについては，いろいろな側面があり即断はできない。セミストロング・フォームの市場効率性で否定されているバフェットの投資スタイルが，実際には高パフォーマンスをあげることも少なくないし，ウィーク・フォームの市場効率性で否定されている，テクニカル分析（チャート分析）だって市場のトレンドを予知することもあるだろう。一方でランダム・ウォーク理論や効率的市場を前提としたファイナンス理論は今後もより頑強性を持って，より精緻に展開していくことだろう。さまざまな投資スタイルは今後も多様なまま，決着が着くことなく併存していくのかもしれない。

# 第4章

# コーポレート・ファイナンス

## Points

企業活動を行う上で必要不可欠なファイナンスの考え方である，企業価値について確認したあと，完全な資本市場と不完全な市場のもとでのMM理論，配当と内部留保に関わる仮説や理論，日米の現状について理解しよう。

# 1 企業価値

## 1-1 コーポレート・ファイナンスと企業価値

この章から，コーポレート・ファイナンスについて説明していこう。これまでとの違いは，「コーポレート」が付いている点である。「コーポレート」とは，「コーポレーション」，つまり「法人」や「企業」の形容詞であり，比較的規模の大きな企業を指している。企業は，機械や工場，特許などの資産に投資し，その資産を活用することで，社会に対して「付加価値」を提供し，キャッシュ・フローを生み出している。

それでは，なぜ「企業価値」を理解する必要があるのだろうか。企業の価値を理解しなければ，合併買収（M&A）や株式公開（IPO）など，経営上の重要な意思決定を行うことが難しくなる。近年，M&Aは，海外展開や他業種への参入，事業承継など，さまざまな場面で活用されており，その際「企業価値」の考え方がわかっていないと話が前に進まない。また，IPOは，資金調達の機会であると同時に，創業者をはじめとした出資者の現金化の機会でもあり，「企

**東証の鐘**

（注）IPOの際は，この鐘を鳴らすセレモニーが行われる。

業価値」がいくらなのかは彼らの懐具合，すなわち多額の現金を手に入れられるかどうかにも影響する。

具体的に，企業価値はどのように算定されているのだろうか。代表的な方法として，「純資産法」，「マルチプル法」，「ディスカウント・キャッシュ・フロー法（DCF 法）」という 3 つがある。それぞれの方法について，簡単に述べておこう。純資産法は，企業が保有する資産から負債を除いた残り，貸借対照表（B/S）の純資産の額を企業価値と考える，という極めてシンプルなものである。次に，マルチプル法は，類似企業の財務数値と株価を参考に，企業価値を算出するものである。最後に，DCF 法は，企業が将来にわたって生み出すキャッシュ・フロー（CF）を予測し，その総額を現在価値に引き戻すことで企業価値を算出する方法である。

純資産法には，「簿価純資産法」と「時価純資産法」がある。文字通り，簿価（帳簿上の価額）を用いるか，時価を用いるかの違いである。純資産法は，極めてシンプルな計算をするだけなので，非常にわかりやすい。しかしながら，これから純資産を増やしていこうとしている企業にとって，現在の純資産だけで企業価値を評価していいのだろうか。これから成長しようとしている企業にとって，純資産法によって企業価値を算出することは，やや無理があるといえるだろう。

## 1-2 マルチプル法

次に，マルチプル法について説明していこう。マルチプルとは，「倍率」のことをいっている。類似企業，つまり「似たような企業」が市場でどのように評価されているのかを参考にして，その倍率を掛けることで企業価値を算出する方法である。代表的なマルチプルとして，①PER（株価収益率），②PBR（株価純資産倍率），③EV/EBITDA 倍率（もしくは，EBITDA 倍率）がある。

下記のように，PER は当期純利益に対して，PBR は純資産に対して，株主資本価値（もしくは，株式時価総額，株価×発行済株式数）が何倍なのかを示している。

PER＝株価×発行済株式数/当期純利益
＝株価/１株当たり当期純利益
PBR＝株価×発行済株式数/純資産
＝株価/１株当たり純資産

最後に，EV/EBITDA 倍率である。下記のように，分母に EBITDA，分子に株式時価総額と有利子負債価値を足し合わせたもので計算した倍率のことである。まず，EBITDA（イービットディーエー，もしくはイービットダーと呼ぶ）を説明しなければならない。日本語では，「利払前・税引前・償却前利益」と表現される。具体的な EBITDA の算出方法は，いくつかある。ここでは，営業利益，受取利息等（EBIT），減価償却費を足し合わせるものとしよう。EBITDA を用いる理由は，①企業活動以外から得た損益，②税制や金利，会計原則の違い，③大型投資による損益のぶれ，といった影響を除外するためである。また，分子には，PER，PBR とは異なり，株式時価総額だけでなく有利子負債価値を含む企業価値（EV）を持ってきている。M&A では，株主だけでなく債権者も含む企業価値を算出する必要があることから，EV/EBITDA 倍率がよく用いられている。

EV/EBITDA 倍率
＝(株式時価総額＋有利子負債価値)/EBITDA

それでは，自動車業界からトヨタ自動車，日産自動車を，食品業界からハウス食品グループ本社，味の素を取り上げて，マルチプル法を使ってみよう（**図表４-１**を参照）。PER の計算では，当期純利益は，予想値を用いる。株価はどの時点のものを用いるのかによって，PER の数値が大きく変わることから，実際に分析するうえでは慎重に選択しなければならない。ここでは，2017年３月31日の株価（終値）を用いて計算している（以下，同様）。手順として，１株当たりの当期純利益を求めた上で，PER を計算している。結果，トヨタ自

M&AではEV/EBITDA倍率がよく用いられる

動車は13.1倍，日産自動車は8.5倍と計算できる。日産自動車より，トヨタ自動車のほうが当期純利益に対する投資家の評価が高い。食品業界では，ハウス食品グループ本社が32.4倍，味の素は22.0倍と計算できる。自動車業界より，食品業界のほうが当期純利益に対する市場の評価は高いことがわかる。なお，ハウス食品グループ本社は，壱番屋やギャバンを連結子会社化（いわゆる，M&A）しており，当期純利益の数値が大きく動いている点には注意が必要である。

次に，PBRを計算してみよう。PERとの違いは，当期純利益が純資産に変わったことである。PBRも，１株当たりの純資産を求めた上で計算している。自動車業界では，トヨタ自動車が1.06倍，日産自動車が0.88倍である。自動車業界は，資産の規模も大きいものの，日産自動車はPBRが１を下回っており，資産を有効に活用できていないと評価される可能性がある。食品業界では，ハウス食品グループ本社が0.94倍，味の素が1.80倍である。ハウス食品グループ本社は，１を下回っている。前述のように，壱番屋やギャバンの連結子会社化，つまり純資産増加の影響を受けているものと考えられる。

最後に，EV/EBITDA倍率である。EV（企業価値）を求めるために，有利子負債価値を検討する必要がある。有利子負債とは，文字通り，利子を支払わ

図表4－1 ▶マルチプル法の実例（自動車業界と食品業界）

| 各社とも2016年度（2017年３月期）の決算に基づく | | | 自動車業界 | | 食品業界 | |
|---|---|---|---|---|---|---|
| | | | 7203<br>トヨタ<br>自動車 | 7201<br>日産自動車 | 2810<br>ハウス食品<br>グループ<br>本社 | 2802<br>味の素 |
| 株価終値 2017.3.31 | (A) | 円 | 6,042.0 | 1,073.5 | 2,428.0 | 2,196.5 |
| 発行済株式数 | (B) | 百万株 | 3,263 | 4,221 | 103 | 572 |
| 純利益予想値（2017年度） | (C) | 百万円 | 1,500,000 | 535,000 | 7,700 | 57,000 |
| 一株当純利益（予想） | (D=C÷B) | 円 | 459.70 | 126.76 | 74.93 | 99.67 |
| PER（株価収益率） | (E=A÷D) | 倍 | 13.1 | 8.5 | 32.4 | 22.0 |
| 純資産 | (F) | 百万円 | 18,668,953 | 5,167,136 | 266,615 | 697,773 |
| 一株当純資産 | (G=F÷B) | 円 | 5,721.41 | 1,224.23 | 2,594.57 | 1,220.17 |
| PBR（株価純資産倍率） | (H=A÷G) | 倍 | 1.06 | 0.88 | 0.94 | 1.80 |
| 株式時価総額 | (I=A×B) | 百万円 | 19,715,031 | 4,530,938 | 249,498 | 1,256,098 |
| 有利子負債 | (J) | 百万円 | 19,155,727 | 7,767,681 | 10,306 | 331,606 |
| 現預金及び同等物 | (K) | 百万円 | 2,995,075 | 1,122,484 | 57,583 | 185,202 |
| 有利子負債価値 | (L=J－K) | 百万円 | 16,160,652 | 6,645,197 | －47,277 | 146,404 |
| EV（企業価値） | (M=I+L) | 百万円 | 35,875,683 | 11,176,135 | 202,221 | 1,402,502 |
| 営業利益＋受取利息等（EBIT） | (N) | 百万円 | 2,153,355 | 767,512 | 13,469 | 89,687 |
| 減価償却費 | (O) | 百万円 | 1,610,950 | 841,057 | 9,345 | 46,907 |
| EBITDA | (P=N+O) | 百万円 | 3,764,305 | 1,608,569 | 22,814 | 136,594 |
| EV/EBITDA | (M/P) | 倍 | 9.53 | 6.95 | 8.86 | 10.27 |
| EV/EBITDA 平均 | (Q) | 倍 | 二社平均 | 8.24 | 二社平均 | 9.57 |
| 理論時価総額 | (R=P×Q－L) | 百万円 | 14,854,148 | 6,608,098 | 265,511 | 1,160,225 |
| 理論株価 | (S=R÷B) | 円 | 4,552.3 | 1,565.6 | 2,583.8 | 2,028.8 |

なければならない借金のことである。内訳としては，短期借入金，長期借入金，１年内償還予定の社債，１年内返済予定の長期借入金，社債などである。ここから，企業が保有している現預金および同等物を差し引くことで，有利子負債価値を求める。EVは，株式時価総額と有利子負債価値を足し合わせて求める。次に，EBITDAの算出である。ここでは，営業利益＋受取利息等（EBIT）と減価償却費を足し合わせることで求める。なお，減価償却費は，キャッシュ・フロー計算書に記載されている。EV/EBITDA倍率は，トヨタ自動車が9.53倍，

日産自動車が6.95倍である。本業の稼ぐ力は，トヨタ自動車が上であると判断できる。ハウス食品グループ本社は8.86倍，味の素は10.27倍であり，味の素が上回っている。ここで取り上げた４社のうちで最も数値が高い企業が，味の素となった。上記した「EBITDA を用いる理由」をうまく体現している例だろう。最後には，２社であるものの EV/EBITDA 倍率の業界平均から理論株価を算出した。トヨタ自動車が割高，日産自動車は割安に評価されており，食品業界はおおむね理論株価と変わらないという結果である。皆さんは，この結果をどのように考えるだろうか。

マルチプル法は,「似たような企業」をどのように選択するのかが重要になる。その選択には，業種や企業規模，経営戦略など，さまざまな要因を考慮しなければならない。その上で,「マルチプル」を何にするのかが重要になる。また，類似企業の株価をどの時点のものにするのかも重要なポイントになる。当然，株価は日々動いている。バブルによって高騰することも，リーマン・ショックのときのように暴落することもある。類似企業の実力を知る上で，どの時点の株価が適切なのかは十分に考慮する必要がある。

## 1-3 ディスカウント・キャッシュ・フロー法（DCF 法）

最後に，最も重要な DCF 法について説明していく。簡単にいえば，企業が今後生み出す $CF$（将来価値）を，割引率（$r$）で現在価値に割り引くことで，企業の価値を見積もる方法である。この説明がわからない人は，もう一度，第１章第１節を読み直してほしい。具体的には，事業資金の出し手である株主と債権者に分配できるお金であるフリー・キャッシュ・フロー（$FCF$）の現在価値の累積が企業価値となる。第２章第４節で説明されている DDM では，分子を配当として計算しているが，それが $FCF$ に変わると考えれば問題ないだろう。下記の通り，DDM の左辺が企業価値（$EV$）に変わり，分子が $FCF$ に変わっているのがわかるだろうか。$FCF$ とは，文字通り，企業が自由に（フリーに）使えるお金のことであり，いくつかの算出方法がある。一般的には，営業 $CF$ から投資 $CF$ を引いたものである。営業 $CF$ は営業活動から得られたキャッシュ，

投資 $CF$ は固定資産の取得や売却などを伴う投資活動によって増減したキャッシュを表している。投資 $CF$ は，投資活動によってキャッシュが出て行くとマイナス，反対はプラスの値として表記される。そのため，$FCF$ は，計算上，営業 $CF$ と投資 $CF$ の合計額である。

$$EV=\frac{FCF_1}{1+r}+\frac{FCF_2}{(1+r)^2}+\cdots+\frac{FCF_n}{(1+r)^n}+\cdots=\sum_{t=1}^{\infty}\frac{FCF_t}{(1+r)^t}$$

企業は永続することが前提であるが，将来にわたって生み出す $FCF$ のすべてを見積もるのは，現実的ではないことはわかるだろう。そのため，継続（ターミナル）価値を計算する。通常，10年程度の予測期間について事業計画を作成し，その後については定率で成長する，成長しないなどの仮定を置いて計算する。これも，第２章第４節にて説明されている定率成長型の DDM と同じように考えればよい。分子が，予測期間後１年目の $FCF_{t+1}$ に変わっている。なお，$g$ は10年目以降の $FCF$ の成長率を表している。

$$継続価値=\frac{FCF_{t+1}}{r-g}$$

**図表４-２**は，10年目まで，$FCF$ を予測したのち，11年目から定率で成長す

**図表４-２ ▶ 継続価値（11年目から定率成長）**

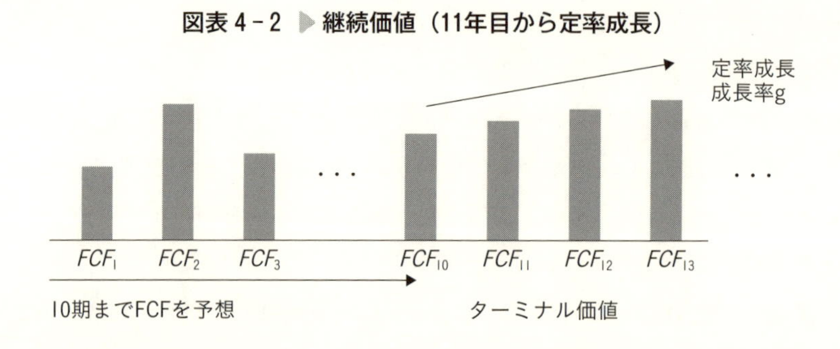

る場合を図示した。なお，この継続価値は，企業価値の大きな比率を占めるため，計算は慎重にしなければならない。とりわけ，$g$をいくらに設定するのかによって大きな影響を受ける。

ここから，割引率$r$についてより詳しく説明する。資金提供者である株主や債権者にどれだけのリターンを与えれば資金を集められるのかが，割引率$r$である。企業にとっては，資金調達のコストと考えることができる。企業価値を算出するときに用いられる割引率は，「資本コスト」という。一般的に，株式と負債によって資金調達することから，それぞれの資本コスト，つまり「株式資本コスト」（第３章２−５項を参照）と「有利子負債資本コスト」（≒債務に対する利子率）が存在することになる。実務的にはCAPMから株式資本コスト（＝個別証券の期待リターン$E(R_i)$）を推計し，有利子負債資本コストは直近の財務諸表から，支払利息の額を調べ参照して用いる。この２つを構成比率に応じて加重平均して，割引率$r$を求めることから，「加重平均資本コスト」（$WACC$，ワックと呼ぶ）といわれている。

$$WACC=\frac{E}{D+E}\times r_E+\frac{D}{D+E}\times r_D\times(1-T)$$

右辺の左側が，株主資本価値（$E$）と有利子負債（$D$）の合計を分母にし，株主資本価値$E$を分子とした株式資本比率に，株式資本コスト（$r_E$）を掛けたものである。次に，右側が，有利子負債$D$を分子とした負債比率に有利子負債資本コスト（$r_D$）を掛けて，さらに（$1-T$）を掛けている。$T$は，法人税率を示している。（$1-T$）を掛ける理由は，借入利息は費用として収益から差し引かれるため，有利子負債コストの低下を考慮したものである。

これは「節税効果」と呼ばれるもので，第４章第２節のMM理論でも数値例を使って説明している。利子を払う負債が増えるほど，利子負担額が課税所得から減じられるため，税率が変わらないならば税金を支払う額が減少して利益額が高くなる。逆のように聞こえるかもしれないが，利子が発生する負債が増えるほど，利益は増加することになる。なお，わが国の法人税の実効税率は40%とされており，実務的には $T=40\%$ として計算することが一般的である。

この *WACC* を割引率 $r$ として，将来の *FCF* を割り引き，さらに継続価値を出して，企業価値を求めていく。*FCF* は，①営業利益（利払前，税引前）に税率を掛けて，税引後の営業利益を出し，②減価償却費を足し，貸借対照表（B/S）の前年との差額を加減することで営業 *CF* を出し，③投資 *CF* と合わせることで求められる。この *FCF* を用いて，先の計算式に当てはめることによって，企業価値を算出していく。

**DCF 法による企業価値**
**＝*FCF* の現在価値＋継続価値の割引現在価値**

※ここでは，*FCF* の現在価値は10年目までの現在価値，継続価値は11年目以降の *FCF* の10年目の現在価値であり，これをさらに現在価値に割り引く。

DCF 法で求めた企業価値は，有利子負債の債権者の取り分も含まれている。そのため，株主資本価値を算出するには，有利子負債の価値を引く必要がある。また，企業の所有資産のうち，事業に使われていない資産（余剰資金，遊休地など）は，株主の取り分である。そのため，株主資本価値を算出するには，非事業用資産の価値を足し合わせる必要がある。

これまで，企業価値評価の方法として，純資産法，マルチプル法，DCF 法について説明してきた。端的にいえば，純資産法は現在の純資産，マルチプル法は現在の収益力，DCF 法は将来の収益力（成長性）が，企業価値評価に大きく影響している。近年では，リアル・オプションが用いられた評価方法なども開発されている。「リアル」とは「実物」のことであり，第２章第５節で説明されている金融のオプションと区別するために付けられている。

ビジネスの世界では，DCF 法が最もよく用いられている。具体的には，ベンチャーキャピタル（VC）から出資を受けたり，IPO したり，M&A において合併比率や買収価格を決めたりするときに活用されている。DCF法に対して，十分な理解がないとビジネスの世界で生き残っていくことは難しいともいえる。原理原則はそれほど複雑ではないので，十分に理解を深めてほしい。その上で，ビジネスの本質を考えられるようになることが重要である。これらの企業価値評価の方法はあくまでツールであり，有効に活用するためには，対象となる企業のビジネスについて精通している必要がある。ビジネスに対する理解が十分でなく，これらのツールを使うことの危険性を認識しておくことが大切である。

**確認問題**

本節で取り上げた自動車業界からホンダ，食品業界からキッコーマンを取り上げて，マルチプル法を使ってみよう。上記の企業との違いについても検討しよう。ホンダやキッコーマンの数値データは，それぞれのホームページから，最新年度の決算短信や有価証券報告書をダウンロードすれば入手できる。最新の株価は，Yahoo！ファイナンスやロイター，Bloombergなど，投資家向けサイトを利用すればよい。



## 2 MM理論

### 2-1 完全な資本市場(1)：MMの第1命題

ここでは，株主資本と負債の割合を変化させることで，企業価値を高めることができるかどうかを考える。それには，MM理論の存在を無視することはできない。MM理論とは，フランコ・モジリアーニ（Franco Modigliani）とマートン・ミラー（Merton H. Miller）が，1958年に*American Economic Review*に載せた論文の中で提示されたものである。税や取引費用などの要因を無視した完全な資本市場では，資金調達に関する決定は重要ではなく，投資決

**ピザの価値は変わらない**

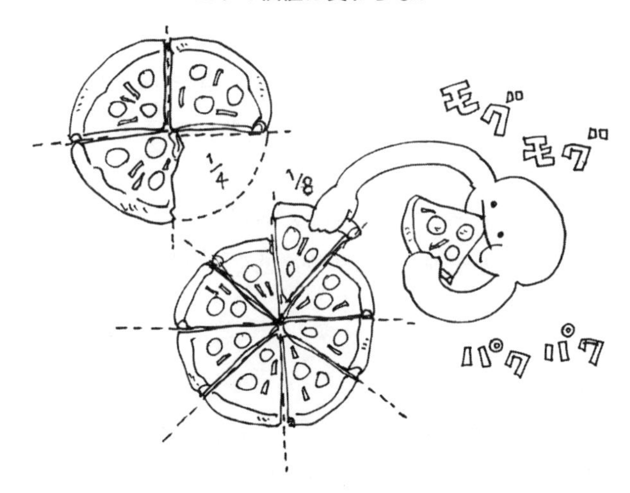


定が所与であれば，資本構成は企業価値と無関係であることを示した。企業価値は，貸借対照表（B/S）の左側にある資産によって決まるのであって，右側にある，株式による資金調達なのか，負債による資金調達なのかは関係ない。ノーベル賞受賞時に，ミラー教授は，「1枚のピザを2つに切っても，4つに切ってもピザ全体の価値は変わらない」と答えており，この理論の本質を捉えている。

皆さんは，このような考え方についてどのような感想を持っただろうか。MM 理論が発表されるまで，研究者の間では，企業価値を最大化する株主資本と負債の組み合わせはあるはずと考えられていた。そのため，MM 以後，激しい論争が起こった。現在では，コーポレート・ファイナンスについて議論する上では避けて通れない理論の1つとなっている。

それでは，より具体的に MM 理論とはどのようなものなのかを確認しよう。営業利益は同じであるが，資本構成だけが異なる2つの企業を考えよう（**図表4-3，4-4**）。企業 U（unleveraged の頭文字）は負債なし，企業 L（leveraged の頭文字）は負債ありの企業である。企業 U は，すべて株式によって資金調達されるので，株式の価値 $E_U$ と企業の価値 $V_U$ は同額となる。一方，企業 L は，

図表 4－3 ▶ 企業 U の B/S

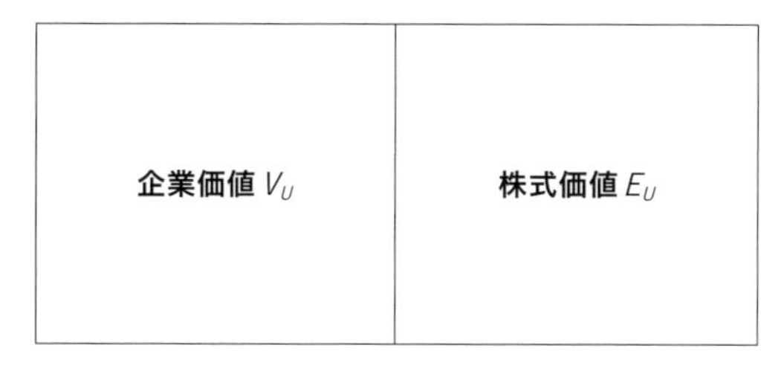


図表 4－4 ▶ 企業 L の B/S

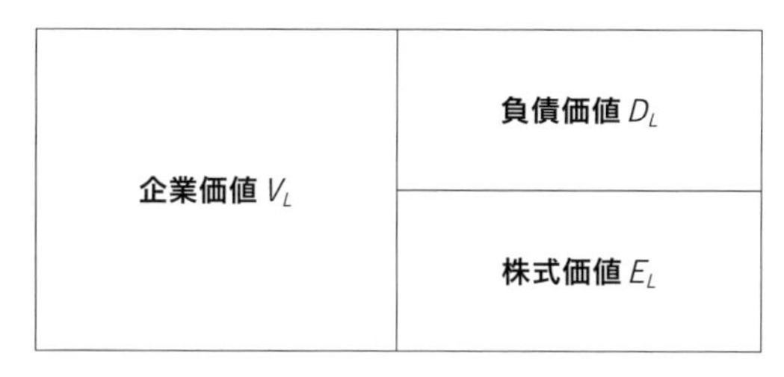


負債があるので，株式の価値は，企業の価値から負債の価値を引いた額となる。つまり，$E_L = V_L - D_L$ という関係にある。この状況において，$V_U = V_L$ となれば，MM 理論は正しいということになる。

あなたが投資家であるとして，上記の 2 つの企業のうち，どちらに投資したいかを考えてみよう。企業 U の株式10％を投資したとすれば，投資金額は$0.1 \times V_U$であり，利益の10％を受け取る権利が生じる。次に，企業 L の負債（社債）と株式，それぞれ10％を投資したとすれば，どのようになるだろうか。投資額は$0.1 \times D_L + 0.1 \times E_L = 0.1 \times (D_L + E_L) = 0.1 \times V_L$ であり，$D_L$，$E_L$ のそれぞれから社債の利子（0.1×利子），株式の配当（0.1×（利益－利子））の合計0.1×利益を受け取ることになる。つまり，企業 U も企業 L も，投資家に利益の10％のリターンをもたらすことになる。十分に機能している資本市場では，同じリターンをもたらす投資機会のコストは同じであると考えられる。そのため，$0.1 \times V_U$（企業 U の株式価値）と$0.1 \times V_L$（企業 L の株式と負債価値の合計）は等しい。$V_U = V_L$ という関係性があることから，MM 理論は正しい。これが，「企

**図表4－5 ▶ 全額株式調達（負債なし）**

|  |  |
|---|---|
| 株式数① | 10万株 |
| 株価② | 2,000円 |
| 株式の市場価値①×② | 2億円 |
| 営業利益③ | 2,000万円 |
| 1株当たり利益④：③÷① | 200円 |
| 投資収益率④÷② | 10% |

業の市場価値は，その資本構成と無関係に決まる」というMMの第1命題である。

具体的な数値例を検討してみよう。現在，ある企業のデータは，**図表4－5**の通りである。負債はなく，営業利益のすべてを配当として株主に支払っている（税はないと仮定する）。1株当たり利益と配当は200円（期待値，以下同様），株価は2,000円である。投資収益率は，利益/株価＝200/2,000×100＝10％である。

この企業が資本構成を見直しているとしよう。資本構成を負債と株式で同じ割合にした場合，どのようになるだろうか。5％の金利で1億円の社債を発行し，その資金で5万株を買い戻す。この場合，データは，**図表4－6**のように

**図表4－6 ▶ 負債・株式同額調達（負債あり）**

|  |  |
|---|---|
| 株式数① | 5万株 |
| 株価② | 2,000円 |
| 株式の市場価値①×② | 1億円 |
| 社債の市場価値③ | 1億円 |
| 営業利益④ | 2,000万円 |
| 5％の支払利子⑤ | 500万円 |
| 利益⑥：④－⑤ | 1,500万円 |
| 1株当たり利益⑦：⑥÷① | 300円 |
| 株式の投資収益率⑦÷② | 15% |

整理される。

社債の金利（収益率）が５％，株式の投資収益率が15％であり，結果的に平均投資収益率は10％となっている。負債と株式の比率は１対１なので，加重平均をする必要もなく足して２で割れば10％である。つまり，MM の第１命題の通り，資本構成が変わったとしても，投資収益率は同じであり，企業の市場価値は同じということになる。

## 2-2 完全な資本市場⑵：MM の第２命題

上記のように，負債を入れることで，１株当たり利益は増加したものの，株価は上昇しない。なぜ，このようなことが起こるのだろうか。その答えは，利益の変化が，現在価値に割り引く際の割引率の変化によって相殺されるからである。図表４－６では，株式の投資収益率が10％から15％に変化している。

総資産の収益率 $r_A$ は，営業利益を発行証券の市場価値で割ったものである。

総資産収益率（$r_A$）＝営業利益/発行証券の市場価値

完全な資本市場のもとでは，負債の決定は，企業の営業利益，発行証券の市場価値のいずれにも影響を与えない。そのため，総資産収益率にも影響しない。発行証券が，社債と株式に分かれれば，以下のように式は変わる。

総資産収益率＝（株主資本の割合×株式の投資収益率）
＋（社債の割合×社債の利回り）

$$r_A = \frac{E}{D+E} \times r_E + \frac{D}{D+E} \times r_D$$

これは，１－３項の加重平均資本コスト（*WACC*）に近いものになっている。ただし，ここでは負債の節税効果は反映されていない。この式を変形し，株式の投資収益率 $r_E$ が次のように導出できる。

株式の投資収益率

＝総資産収益率＋（総資産収益率－社債の利回り）×負債/株主資本

$$r_E = r_A + (r_A - r_D) \times \frac{D}{E}$$

これが，MMの第2命題である。負債のある企業の普通株式の投資収益率は，市場価値で示された負債/株主資本（＝D/E）に比例して増加することになる。**図表4-7**は，縦軸に収益率を，横軸にD/Eと取り，株式，総資産，社債の関係を表している。

上記の企業例であれば，全額株式調達（負債なし）の場合は，$r_E$ は $r_A$ と等しくなって，

$$r_E = r_A = \frac{営業利益}{発行証券の市場価値} \times 発行済株式数$$

$$= \frac{2{,}000万円}{2{,}000円} \times 10万株 = 0.1$$

となる。また，負債・株式同額調達（負債あり）の場合は，

**図表4-7 ▶MMの第2命題**

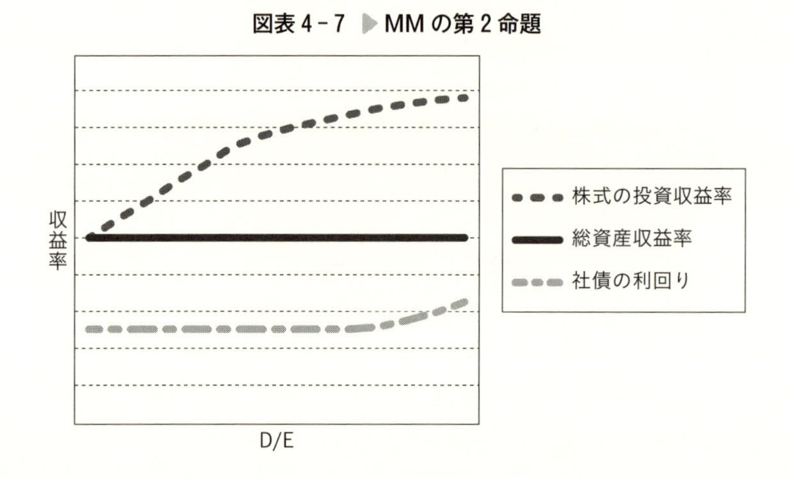

$$r_E = r_A + (r_A - r_D) \times \frac{D}{E}$$

$$= 0.1 + (0.1 - 0.05) \times \frac{1億円}{1億円} = 0.15$$

となる。株式に対する投資家は，負債リスクの代償として，$(r_A - r_D) \times D/E$ のリスク・プレミアムを要求する。

また，資本構成の変更が，第3章第2節で説明された $\beta$（ベータ）に与える影響についても考えてみよう。前述と同様に，総資産のベータは，株式のベータと社債のベータの加重平均となる。

$$\beta_A = \beta_E \times \frac{E}{V} + \beta_D \times \frac{D}{V}$$

資本構成が変更されると，全体のリスクは影響を受けないものの，株式，社債どちらもリスクが増加する。財務レバレッジ（$D/E$）は，株式のリスクを押し上げることから，それに応じて高い収益率を株主が求めることになる。MMは，借入の増加，つまり，財務レバレッジをかけることによって株式の投資収益率とリスクの両方が増加していることを指摘している。なお，借入が増加しても，株主にとっての価値が増加するわけではない。

## 2-3 不完全な資本市場

それでは，MM理論の前提である完全な資本市場というのは現実的なものであろうか。当然ながら，現実的ではないだろう。読者の方々も，これまでの議論に少なからず違和感を覚えたのではないだろうか。ここでは，現実的な仮定に置き換えることによって，資本構成が企業価値に影響を与えることを示していこう。税，取引費用，エージェンシー・コスト（代理人に任せることで生じる費用），情報の非対称性の視点から，不完全市場を考えてみよう。

### (1) 節税効果

はじめに，節税効果について検討しよう。現実では，企業には法人税が課される。法人税は，利益に対して課されるものである。そのため，会計上の費用である利子は，その対象から外れることになる。すなわち，負債を利用すればするほど，法人税が節約できるということになり，その分だけ企業価値を高めることができる。

逆のような気もするが，本当かどうかを数値例で確かめてみよう（**図表4-8**）。負債がない企業Uとある企業Lを想定し，企業Lに対してどの程度の節税効果があるのかを検討してみる。ここでは，企業Lは，5％の金利で1億円の社債を発行しており，企業U，Lともに，利払・税引前利益が1億円あるとしよう。法人税率は40%とする。このとき，株主の所得，社債保有者＋株主の所得（企業価値），節税効果がどのようになるのかを確認しておこう。このケースであれば，200万円の法人税が節約され，200万円分だけ企業価値を高めることができている。

### (2) 倒産コスト

節税効果の結論は，負債比率を100％まで高めれば最大の節税効果が得られ

**図表4－8 ▶ 節税効果**

（単位：円）

| | 企業U | 企業L |
|---|---|---|
| 利払・税引前利益 | 1億 | 1億 |
| 支払利子 | 0 | 500万 |
| 税引前利益 | 1億 | 9,500万 |
| 税額（40％） | 4,000万 | 3,800万 |
| 株主の所得 | 6,000万 | 5,700万 |
| 社債保有者＋株主の所得 | 0＋6,000万＝6,000万 | 500万＋5,700万＝6,200万 |
| 節税効果 | － | 200万 |

るということである。しかしながら，特殊な場合を除いて，そのような企業は存在しないだろう。なぜか。答えは簡単である。負債比率が高くなれば，元本返済や利子支払いによって，資金繰りの悪化による倒産の可能性が高くなる。倒産の可能性が高まれば，企業の信用力が低下し，それに伴って取引先の条件の悪化，従業員の士気の低下など，各方面にマイナスの影響を及ぼすことになる。また，実際に，倒産となれば，弁護士費用などもかかる。負債を高めることによって，これらの倒産コストが大きくなり，企業価値を大きく損なうことになる。

節税効果と倒産コストは，まさにトレードオフの関係にある。トレードオフとは，一方を追求すれば他方を犠牲にせざるを得ないという状態・関係のことをいう。現実の生活でもよく陥る「あちら立てれば，こちらが立たぬ」状態のことである。その場合，長所と短所を考えて最適な加減を調整しなければならない。ここでは，資本構成がトレードオフの状態になっているから，資本構成のトレードオフ理論といっている。つまり，企業価値を高めるには，負債の増加によってもたらされる，節税効果の長所と，倒産コストという短所のバランスをうまくとって，最適な資本構成を実現する必要があるという議論である。**図表4－9**は，縦軸に企業価値，横軸に負債比率をとっており，企業価値が最も高いところが最適な資本構成ということになる。

**図表４－９ ▶ 資本構成のトレードオフ理論**

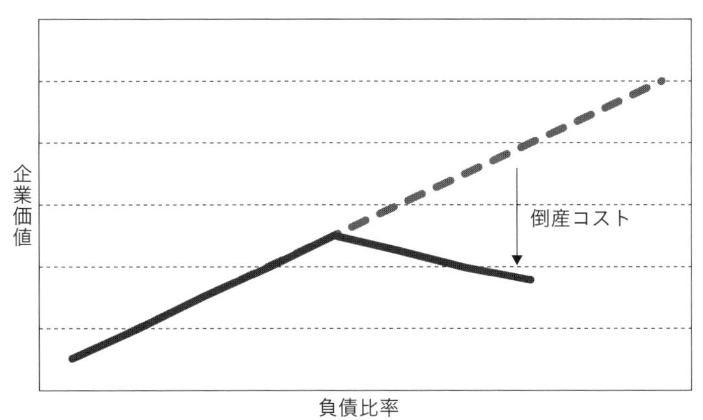

### ⑶　株式のエージェンシー・コスト

プリンシパル（依頼人）である株主は，エージェント（代理人）である経営者に対して，企業価値を最大化することを想定している。しかしながら，経営者は，帝国の建設（empire building，会社を異常に大きくさせること）など，自らの便益のために行動する可能性がある。そのため，株式のエージェンシー・コスト（代理人に任せることで生じる費用）が，企業価値を損なうことになる。このとき，負債が，エージェンシー・コストを下げる効果を持っていると指摘される。その指摘を説明するためのものとして，以下のような２つの仮説に基づく考え方がある。

１つは，フリー・キャッシュ・フロー仮説である。負債が増えれば，元本返済や利子支払いなどによって，社外に出て行く余剰資金も増える。この流出があるから，経営者は資金の浪費ができなくなるという仮説である。もう１つは，規律仮説である。負債によって倒産確率が高まれば，経営者は倒産しないように経営努力をするという仮説である。これらの仮説は，経営者が債務を負うことによって，資金の無駄遣いができなくなり，また倒産のリスクが高まり，経営の舵取りに対する強いプレッシャーがかかることで，株主にとって望ましい経営を行うようになりうる可能性を示している。

### ⑷　負債のエージェンシー・コスト

ここでは，プリンシパルである債権者とエージェントである株主の関係を取り上げ，株主が自らの便益を追求することで生じる企業価値の低下について検討している。１つは，負債比率が高い場合に起こる，過小投資問題である。次のような事例を考えてもらいたい。企業価値が２億円にもかかわらず，負債が３億円にのぼることから，債務超過であり，このままでは債務不履行に陥りかねない企業がある。このとき，株主から1.5億円の追加出資があれば，NPV がプラスの投資プロジェクトによって，企業価値が４億円まで高まり，債務不履行を回避することができるとしよう。債権者，株主それぞれの損失は，債務不履行の場合とそれを回避した場合で，**図表４-10**のようになる。結果的に，

**図表 4-10 ▶ 過小投資問題**

| | | |
|---|---|---|
| 債権者 | （債務不履行） | 2－3＝－1億円 |
| | （債務不履行・回避） | ゼロ |
| 株主 | （債務不履行） | ゼロ |
| | （債務不履行・回避） | 4－4.5＝－0.5億円 |

NPV がプラスの投資プロジェクトは実施されない。なぜなら，債務不履行を回避できても，債権者，株主いずれも利益をあげることができない，あるいは損失を被るためである。これは，すでに債務超過に陥っている企業を再生することの難しさを示している。

もう1つは，過大投資問題である。これも事例で内容を確認したい（**図表4-11**）。負債が3億円にのぼる企業がある。期待収益率は同じであるが，リスクが異なる2つの投資プロジェクトを検討しているとしよう。投資プロジェクトAは，低リスクであり，100%の確率で企業価値が3億円になる。投資プロジェクトBは，高リスクであり，50%の確率で5億円，50%の確率で1億円になるというものである。

債権者は，債務不履行になることで金利や元本返済が滞ることを恐れるので，投資プロジェクトAを好む。一方，株主は，投資プロジェクトAでは負債と企業価値はイコールであることから何ら恩恵を受けない。そのため，投資プロジェクトBを選ぶことによって5億円になる可能性に賭けるだろう。債権者と株主ではリスクに対する態度が異なるために，NPV（正味現在価値）がマイナスになるようなリスクの高い投資プロジェクトであったとしても実施され

**図表 4-11 ▶ 過大投資問題**

| 投資プロジェクト | 状況 | 期待企業価値 |
|---|---|---|
| A | 3億円（100%の確率） | 3×100%＝3億円 |
| B | 5億円（50%の確率）<br>1億円（50%の確率） | 5×50%＋1×50%＝3億円 |

ることがある。

### (5) 情報の非対称性

一方が情報をよく知っており，もう一方があまり知らない状況を，経済学では「情報の非対称性」と表現している。企業の収益等の状況について，経営者はよく知っており，投資家はよく知らないということは十分想定されるだろう。十分な情報を持たない投資家は，適正な価格付けができない。すなわち，株価がファンダメンタルズとは異なる状況が生じることになる。このような場合，経営者は，株価がファンダメンタルズよりも過大評価されているときだけ株式発行を行い，過小評価されているときには株式発行を行わないという行動を取るだろう。つまり，株式発行を行うことは，株価が割高であることを投資家にシグナルとして発信することでもある。

したがって，経営者は，資金調達手段として株式の発行の優先順位を低くする傾向にある。内部資金，銀行借入や社債の発行などの負債（他人資本）を増加させる資金調達，そして，負債と資本の増加の中間に当たる，転換社債のようなハイブリッド型証券の発行の順に資金調達を検討し，その上での最終手段として資本を増加させる株式発行という順序で資金調達を行うと考えられる。この考え方をペッキング・オーダー理論（pecking order theory）と呼んでいる。ペッキング（pecking）というのは，キツツキのことを英語でwoodpecker（ウッドペッカー）というように，「（くちばしなどで）つっつく，あるいは，ちょっかいを出す」ことである。オーダー（order）は，ここでは「順番」という意味である。資金調達において手段の順番があることを説明している。

例えば，内部資金が潤沢にあるトヨタなどの優良企業は負債比率が極めて低い傾向にある。これは先のトレードオフ理論では説明できないが，このペッキング・オーダー理論であれば説明できる。

資本構成と企業価値の関係を十分に理解するためには，完全な資本市場を前提としたMM理論を理解した上で，現実的な仮定のもとで，資本構成を変更することによって，企業価値がどのように変化するのかについて考えられるようになることが非常に重要である。

# 3 配当と内部留保

## 3-1 完全な資本市場

ここでは，企業の利益の代表的な行き先である，配当と内部留保について検討しよう。おおざっぱにいえば，企業は，利益の何パーセントかを株主への配当に，残る何パーセントかを内部留保に振り向けている。もう少し丁寧にいえば，損益計算書（P/L）の当期純利益は，その一部を配当として株主に還元し，残った資金が，設備拡充や研究開発（R&D）投資などのための内部留保となる。貸借対照表（B/S）では「利益剰余金」として扱われる（**図表4-12**参照）。

はじめに，配当政策について，再びマートン・ミラーとフランコ・モジリアーニの両人に登場していただこう。1961年，彼らは，完全な資本市場のもとでは，配当政策は企業価値とは無関係であることを証明した論文を発表した（「配当の無関連命題」，「配当のMM命題」）。

それでは，配当の無関連命題について確認しよう。低配当の企業Lと高配当の企業Hを想定しよう（**図表4-13**）。どちらの企業も，同じ投資プロジェ

**図表4-12 ▶ 配当と内部留保の順路**

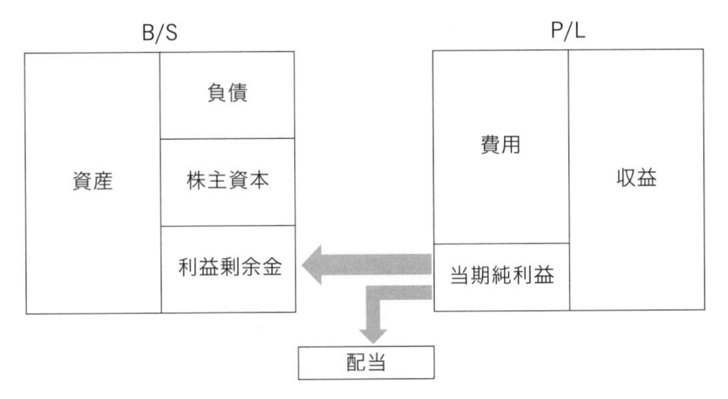

**図表4-13 ▶ 低配当企業と高配当企業**

（単位：万円）

| | 利益 | 配当 | 内部留保 | 投資額 |
|---|---|---|---|---|
| 企業L | 1,000 | 200 | 800 | 800 |
| 企業H | 1,000 | 400 | 600 | 600＋200 |

クトを実施し，同じ資本構成である。利益が1,000万円，その後に予定している投資額が800万円である場合を考えよう。企業Lが200万円を配当するなら，内部留保は800万円なので，予定の投資プロジェクトにそのまま使うことができる。一方，企業Hが400万円を配当するなら，内部留保は600万円なので，投資プロジェクトに対して200万円が不足している。そのため，増資によって200万円を資金調達するとどうなるだろうか。

高配当の企業Hの場合，増資によって新株主が入ることになる。将来，新株主にも配当を支払うため，既存株主のシェアは低下する。既存株主は，高配当を受け取る一方で，新株主に対する配当分だけ減配される。すなわち，既存株主にとっては，「現在」の高配当は，「将来」の低配当を引き起こすことになる。

さらに，具体的な数値例をもとに，配当の無関連命題を確認しよう。ある企業のB/Sは，**図表4-14**の通りである。現在，この企業は，1億円が必要な投資プロジェクトのために，1億円の現金を保有している。これまで説明してきたように，NPVは純現在価値であり，将来の予想キャッシュ・フローに基づく事業価値そのものである。このB/Sは企業を時価評価して修正を加えた

**図表4-14 ▶ ある企業のB/S**

（単位：円）

| | | | |
|---|---|---|---|
| 現金（投資のため） | 1億 | 負債 | 0 |
| 固定資産 | 9億 | 株主資本 | 10億＋NPV |
| 投資機会 | NPV | | |
| 総資産価値 | 10億＋NPV | 企業価値 | 10億＋NPV |

ものと考えればよい。資産価値とNPVを足し合わせれば，企業価値となる。

ここで，この企業が株主に１億円の配当を支払うために現金を使ってしまったとしたら，どうなるであろう。投資プロジェクトを継続するなら，１億円の現金を新たに調達する必要がある。負債ではなく，株式発行によって資金調達するとしよう。

このとき，B/Sはどのように変化するだろうか。企業価値は，10億＋NPVで変化はない。効率的な資本市場であれば，当然ながら，新株主の株式価値は１億円だろう。それでは，既存株主の株式価値は，どのようになるだろうか。

**既存株主の株式価値＝企業価値－新株主の株式価値**
**＝(10億＋NPV)－１億**
**＝９億＋NPV**

すなわち，既存株主は１億円分の現金配当を受け取ったと同時に，１億円のキャピタル・ロスを被ったことになる。ところが，既存株主の株式価値が９億＋NPVとなり，配当として１億円を受け取っているので，既存株主の資産価値は合計10億＋NPVで変わりない。株式価値（10億円＋NPV）の１部が現金（配当）の１億円になっただけの話だ。つまり，この数値例は配当政策が，株主の損得に影響を与えていないことを示している。税や株式発行に関する費用などの問題は無視した完全な資本市場のもとでは，配当政策は企業価値とは無関係である。

ただし，配当政策が株主の富に影響を与えていないとはいえ，株主によって配当に対する考え方は多様であろう。例えば，投資家の「時間選好」があればどうであろうか。時間選好とは，消費パターンに関する個人的な好みのことを指している。現在の消費を減らして貯蓄にまわせば，将来の消費は増えるだろう（逆も然り）。ここでは，低配当を選好する株主と高配当を選好する株主がいる場合について考えよう。この場合，企業は，株主に配慮して，配当政策について思い悩む必要はない。つまり，どのような配当政策であったとしても，株主は自主的に調整することで，好ましい消費パターンを実現できる。低配当を選好する株主は，現在の消費を減らし，将来の消費を増やしたいと考えているだろう。しかし，現在投資している企業が高配当であれば，株主は過剰な配当を将来の消費のための投資に充てれば事足りる。一方，高配当を選好する株主が，低配当企業に投資していれば，現在の消費のために株式の一部を売却すれば，好ましい消費パターンを実現することができる。すなわち，どのような配当政策であったとしても，株主の損得には影響しないということになる。

## 3-2 不完全な資本市場

税や取引費用などを考慮した不完全な資本市場のもとでは，配当政策が株主の損得に影響する可能性がある。例えば，増配のアナウンスによって，株価は大きく上昇することが知られている。ここでは，税，取引費用（株式売買手数料，株式発行に関する手数料），エージェンシー・コスト，情報の非対称性の視点から，不完全市場を考えてみよう。

### ⑴ 税

現実には，配当に対しても，キャピタル・ゲイン（有価証券の譲渡による所得）に対しても，所得税，住民税が課税される（なお，日本では，平成49年12月31日まで，復興特別所得税も課税される）。配当課税とキャピタル・ゲイン課税の大小関係によって，低配当もしくは高配当のどちらを選好するのかが異なることになる。一般的に，個人投資家は配当課税のほうが，機関投資家はキャピタル・ゲイン課税のほうが，他方と比べて高いといわれている。そのため，個人投資家は低配当を，機関投資家は高配当を選好することになる。しかしながら，多くの個人投資家は，高配当を好む傾向があり，「配当パズル」として知られている。

### ⑵ 取引費用

配当政策が株主の損得に影響しないという説明には，株式の売買という条件があった。当然ながら，株式売買には証券会社に対して手数料を支払う必要がある。現在の消費を重視する株主は高配当を，将来の消費を重視する株主は低配当を選好することになるだろう。

また，株式発行に関わる手数料も考慮する必要がある。上記では，配当を支払った後，外部の投資家から株式発行によって資金調達している。すなわち，内部留保でも株式発行でも，株主の損得には影響していないとしていた。しかしながら，実際には，株式発行による資金調達では，証券会社に対して手数料を支払う必要があり，余分な経費がかかることになる。

#### (3) エージェンシー・コスト

配当は株式のエージェンシー・コストを低下させる，という２つの仮説がある。２－３項でも示した，フリー・キャッシュ・フロー仮説と規律仮説である。フリー・キャッシュ・フロー仮説は，余剰資金を配当にまわすことで，経営者の浪費を防ぐことができるというものである。とりわけ，プラスのNPV（正味現在価値）をもたらす投資機会が少ない成熟企業に該当する考え方だろう。次に，規律仮説は，配当によって内部留保を減らし，外部から資金調達することで投資家からのモニタリングを受けるというものである。上記のように，配当と同時に株式発行によって資金調達を行う場合，証券会社に対して手数料はかかるものの，モニタリング効果を期待し，エージェンシー・コストが下がる可能性がある。これらの仮説は，資金の無駄遣いができなくなり，また新たな投資家のモニタリングを受け，経営の舵取りに対する強いプレッシャーがかかることで，株主にとって望ましい経営を行うようになりうる可能性を示している。これが，高配当を選好する理由となっている。

#### (4) 情報の非対称性

最後は，情報の非対称性による影響である。企業と投資家の間に情報の非対称性がある場合，企業は自らの質について投資家にシグナルを発信する可能性がある。このシグナリング仮説は，企業がわざわざコストをかけて投資家に情報を知らせることで，良質な企業であることを投資家に確信させ，情報の非対称性を緩和するというものである。これまで議論してきたように，配当を増やすことによって，個人投資家の負担，取引費用が増加することになる。このような状況下で，あえて配当を増やす選択をするなら，今後も十分な収益が見込めるシグナルを投資家に対して送ることを意味する。この仮説に従えば，高収益な企業は高配当，低収益な企業は低配当という選択をするため，投資家は配当政策の違いによって，企業の質を判断できることになる。配当の増減によって，投資家に企業の質という情報をシグナルすることになる。

## 3-3 日本企業の配当と内部留保

それでは，日本の配当と内部留保の状況はどのようになっているだろうか。配当の代表的な指標として，配当性向がある。以下の計算式によって，当期に獲得した純利益のうち，どの程度配当にまわされたのかを表すものである。

**配当性向＝配当金/当期純利益**

上場企業の配当性向はどのような状況であろうか。生命保険協会は，毎年，上場企業を対象としたアンケート調査を実施している。**図表4-15**は，平成28年度の調査結果から，日本はTOPIX構成企業，米国はS&P500構成企業の配当性向の推移を示したものである。なお，過去10年間連続してデータ取得可能な企業を対象とし，赤字企業は除いている。

配当性向は，2008－2011年度では日本が米国を上回っているものの，それ以外の期間は米国が日本を上回っている。日本は，リーマン・ショック後，当期純利益が大きく低下したにもかかわらず，配当金の大幅な減額がされなかったことから，この時期の米国を上回る水準となっている。2012年度以降は，日本は30％前後で安定的に推移しているが，米国は利益の回復に伴う大幅な配当金の増加によって，右肩上がりで推移している。

なお，中小企業を多く含む，営利法人等（金融業，保険業を除く）を対象と

**図表４-15 ▶ 日米上場企業の配当性向の推移**

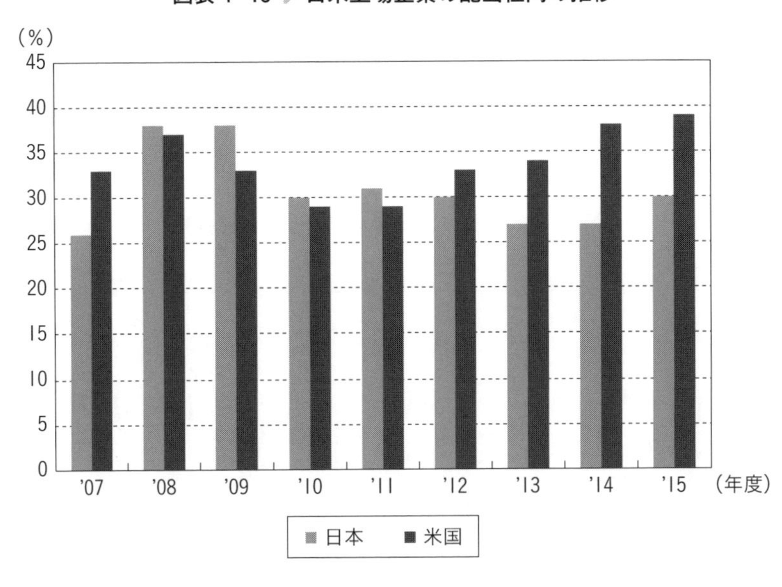


した標本調査のデータである法人企業統計調査からは，上場企業とは異なる傾向が見られる。

次に，内部留保の状況はどのようになっているだろうか。法人企業統計調査から，内部留保の推移を確認しよう。**図表４-16**は，当期純利益から配当金を引いた数値を内部留保として計算したものである。2013年度以降，当期純利益が大幅に増加しているにもかかわらず，配当金はそれほど増えていないことを反映し，内部留保は大幅に増加している。

また，日本の上場企業の内部留保は，リーマン・ショック後に成長は鈍化するものの，おおむね右肩上がりで拡大している（生命保険協会による調査，**図表４-17**参照）。

最後に，2011－2016年度における，内部留保の累積である利益剰余金の推移を確認しよう（法人企業統計調査）。**図表４-18**によれば，利益剰余金は，順調に拡大していることがわかる。2016年度に，利益剰余金の金額が400兆円を超えたことは，大きく報道された。同時期の設備投資額が33～43兆円の範囲で

**図表 4-16 ▶ 内部留保の推移**

（単位：百億円）

| | '07 | '08 | '09 | '10 | '11 | '12 | '13 | '14 | '15 |
|---|---|---|---|---|---|---|---|---|---|
| 内部留保 | 113 | −48 | −31 | 83 | 72 | 99 | 232 | 244 | 196 |

**図表 4-17 ▶ 日本上場企業の内部留保の推移**

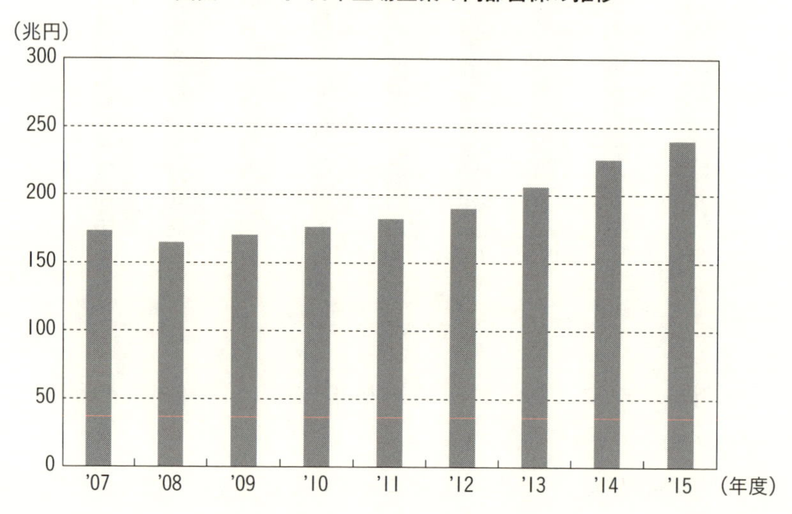


**図表 4-18 ▶ 利益剰余金の推移**

（単位：兆円）

| | '11 | '12 | '13 | '14 | '15 | '16 |
|---|---|---|---|---|---|---|
| 利益剰余金 | 282 | 304 | 328 | 354 | 378 | 406 |

推移していることから，内部留保が，設備拡充や研究開発（R&D）投資に十分に向けられていない可能性もある。また，内部留保を現預金で保有している可能性が指摘されており，それに対する批判もある。

なお，株主に対する利益還元政策として，配当とともに，自社株買い（自己株式取得）が取り上げられることが多い。ここで簡単に自社株買いについて確認しておこう。自社株買いとは，企業が株主から自社株を買い戻す活動であり，株主資本を減らす減資である。自社株買いは，米国では1983年以降，日本では1994年に解禁後，2003年の商法改正によって取締役会決議で実施可能になって以降に一般化している。

配当と自社株買いには，株主に対する資金の支払いという共通点があるものの，いくつかの違いがある。配当は株主に対して一律で支払われるが，自社株買いは売却に応じる/応じない，応じるとしたらどの程度応じるのかが選択できるという違いがある。次に，配当は支払いのタイミングが決まっているものの，自社株買いは企業自らの意思でタイミングを決めることができる。また，当然ではあるが，配当課税かキャピタル・ゲイン課税かの違いがある。

完全な資本市場では，時価で自社株買いを行っても株価は変動しない。自社株買いは，発行済株式数を減少させるが，資金が流出することによって株式時価総額も減少するため，株価の分母分子が等しく減少することで変化が生じない。しかしながら，実際，自社株買いのアナウンスによって，株価が上昇することが知られている。不完全な資本市場のもとでは，経営者は自社株が過小評価されているときに自社株買いを実施する傾向にある。そのため，自社株買いがアナウンスされれば，投資家は当該企業が過小評価されていることを知ることになる。自社株買いの「シグナル効果」である。

# 索　引

## ■英　数



## ■あ　行



## ■か　行

■さ　行

■た　行



■な　行



■は　行

■ま　行



■や　行



■ら　行



■わ　行

〈著者紹介〉

**石橋　尚平**（いしばし　しょうへい）

大阪産業大学経営学部商学科准教授。博士（商学）。

大学卒業後，生命保険会社の資産運用部門でキャリアを積む。神戸大学大学院経営学研究科博士課程後期課程修了後，2009年から大阪産業大学経営学部専任講師を務め，2012年より現職。2008年より甲南大学経済学部でファイナンス等の非常勤講師を務めている。

**高橋　陽二**（たかはし　ようじ）

県立広島大学大学院経営管理研究科（HBMS）准教授。博士（商学）。

神戸大学大学院経営学研究科博士課程後期課程修了後，岐阜聖徳学園大学経済情報学部専任講師・准教授を経て，2018年より現職。2013年より名古屋大学教育学部，2016年より滋賀大学経済学部の非常勤講師も務めている。

**内木栄莉子**（ないき　えりこ）

同志社大学経済学部助教。博士（経済学）。

同志社大学大学院経済学研究科博士後期課程修了後，2016年より現職。初年次生を対象とした導入科目を担当している。

〈イラスト〉

**木村香代子**（きむら　かよこ）

イラストレーター／漆芸家。

幼少期より絵に親しむ。2009年より漆工芸を学び，2014年よりフリーで漆塗や蒔絵の修理・制作を請け負う。時折病院のボランティアとしてイラストなどの作品制作をし，現在に至る。

**知識の基盤になるファイナンス**

2018年10月25日　第1版第1刷発行

著　者　石　橋　尚　平
高　橋　陽　二
内　木　栄莉子

発行者　山　本　　継
発行所　㈱ 中 央 経 済 社
発売元　㈱中央経済グループ
パブリッシング
〒101-0051　東京都千代田区神田神保町1-31-2
電話　03 (3293) 3371（編集代表）
03 (3293) 3381（営業代表）
http://www.chuokeizai.co.jp/
印刷／昭和情報プロセス㈱
製本／㈲ 井 上 製 本 所





ISBN978-4-502-28441-0　C3034